アントニオ猪木

猪木力

不滅の闘魂

河出書房新社

猪木力

不滅の闘魂

目次

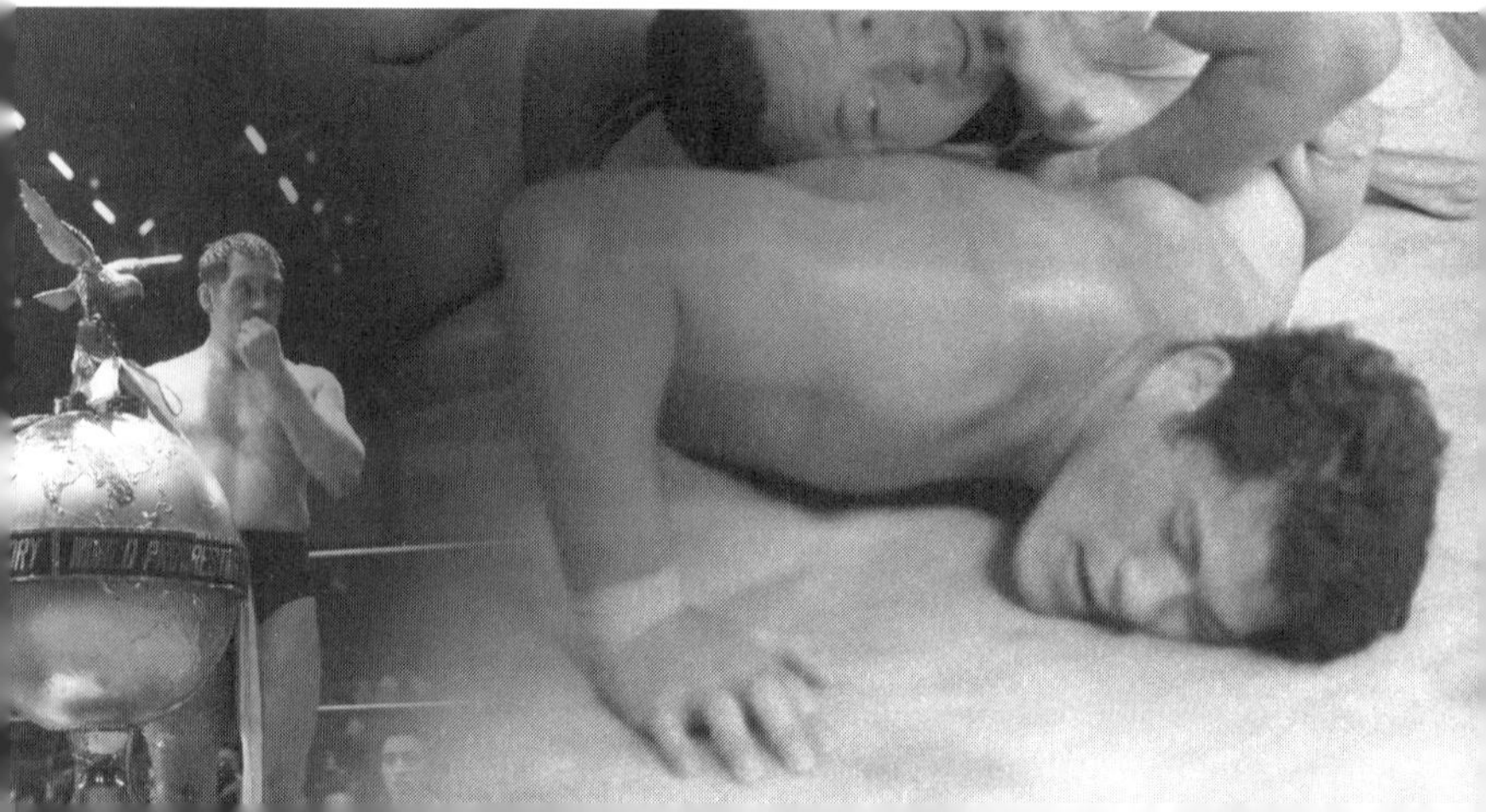

第3章 闘魂の記憶

第4章　闘う男たちに花を　111

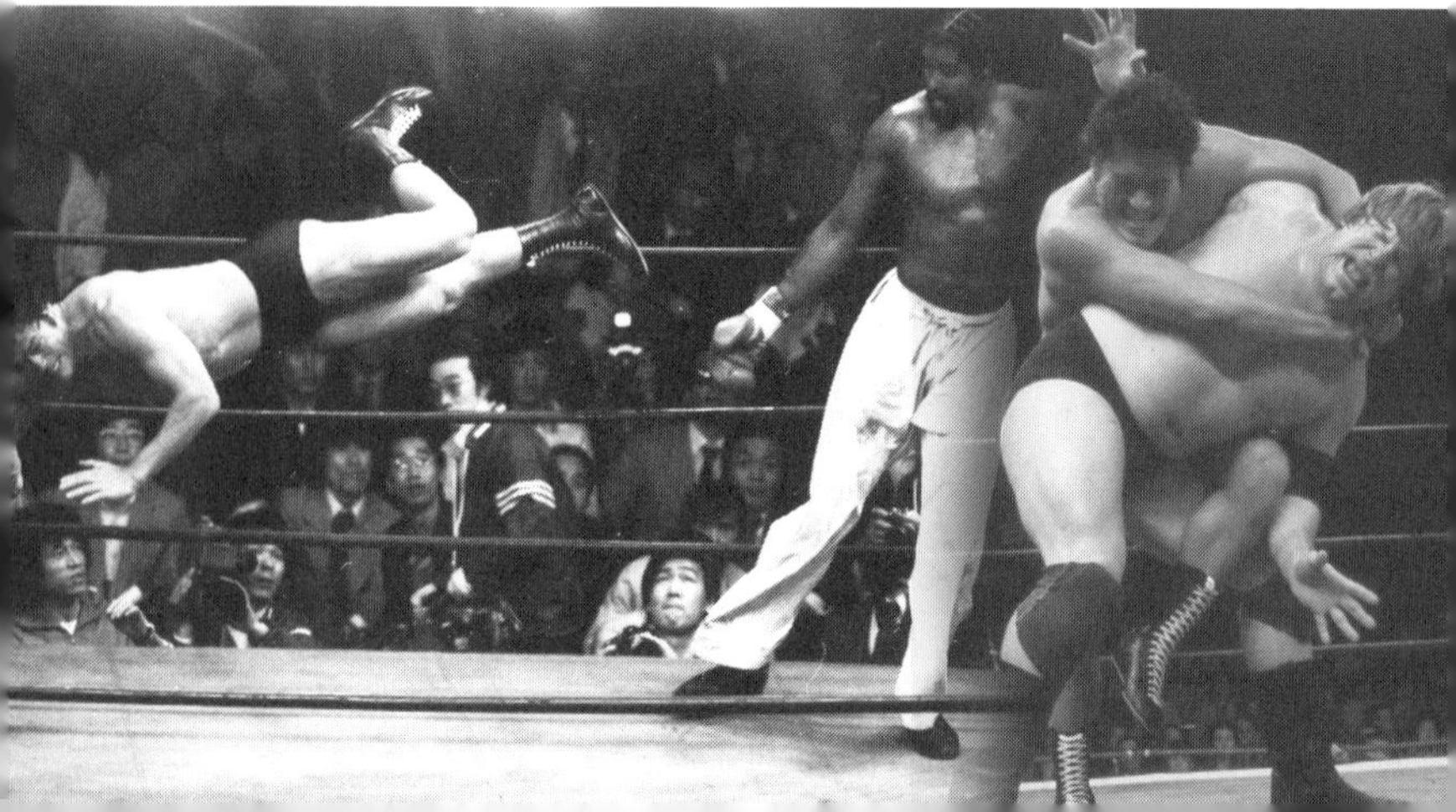

第6章　元妻、娘、息子へのメッセージ　193

第7章　妻・田鶴子の愛と生きる重み　205

カバー写真　山内猛
本文写真　猪木田鶴子、原悦生、山内猛、東京スポーツ新聞社
協力　甘井もとゆき(コーラルゼット)
ブックデザイン　鈴木成一デザイン室

猪木力

不滅の闘魂

序章

朝露の記憶が蘇る時

ブラジル移民時の猪木（左側中央）

この道を行けば
どうなるものか
危ぶむなかれ
危ぶめば道はなし
踏み出せば
その一足が道となり
その一足が道となる
迷わず行けよ
行けばわかるさ

平成一〇年四月四日、東京ドームでの引退試合で俺は、「道」という詩にファンへのメッセージを込めてリングに別れを告げた。

昭和三五年九月三〇日、台東区体育館でプロレスラーとしてデビューしてから今年で六〇年となった。そして、二月二〇日の誕生日には七七歳の喜寿を迎えた。俺にとって過去は、文字通り過ぎ去った時間で、後ろを振り返るのは正直好きじゃない。ただ、不思議なもので、ふとした瞬間に蘇る風景がある。

それは、移住したブラジルの大地を初めて踏んだ一四歳の朝だ。昭和三二年二月、俺は祖父・相良寿郎《さがらじゆろう》、母・文子、三男・寿一、四男・快守《よしもり》、弟で七男の啓介と共にブラジルへ渡った。航海の途中で大好きだったじいさんが急死し、失意を抱えたままリオデジャネイロの港に着いた。そこから、サンパウロへ出て汽車でリンスという町へ移動し、待ってた車で二時間ほど揺られ、夜、コーヒー園へ着いた。

掘っ立て小屋のような家に押し込められ、母が作ったすいとんを食べて、そのまま寝て、朝を迎えた。夜が明けてラッパの音でたたき起こされると、ヘチマでできた「サパトス」という靴を履き、ドアを開けた。すると、目の前には牧場が広がり、その向こうに俺たちがこれから働くコーヒー園が見えた。

労働で使う鍬《くわ》と梯子《はしご》を持って一歩踏み出すと、ヒヤッとした感触を足の裏に感じた。季節は四月で南半球のブラジルはちょうど寒くなり始める時期だから、雑草に朝露が降りていたのだ。

なぜだろう。今この瞬間に、あの時の冷たいけど心地いい、朝露を踏んだ足の裏の感触が蘇る。牧場を歩いた時、俺は「あの向こう側には何があるんだろう」って、これから働くコーヒー園が夢を大きくしてくれるようなワクワクした気持ちになった。

ブラジルでの生活は、住んでいた小屋に水道はなく、井戸しかない。早朝から夕方まで働いて、くたくたになり、電気はなくてランプだけの薄暗い部屋で、どうやってベッドに入ったのかも覚えてない毎日だった。

夜になると聞こえてきた豹《ひょう》の鳴き声は今も耳に残っている。ジャングルに入って野生のパイナップルを食べた時の美味しさは、今も覚えている。

サンパウロで力道山《りきどうざん》にスカウトされ、一七歳で子供のころから憧れていたプロレス界に飛び込んだ。無我夢中で強さだけを追い求め、力道山の死を経て、二九歳で新日本プロレスを旗揚げしてからは、興行師として世界をアッと驚かせてやろう、と熱く燃えた。

そして、五五歳で引退し、あれから二二年が経った。今年、喜寿を迎え、デビューから六〇年となった。思えば、あの朝露を踏んだ感触が俺にとって「アントニオ猪木」になる「道」への第一歩だった。

引退試合の詩に込めた「迷わず行けよ　行けばわかるさ」という前に踏み出す勇気は、俺にとってブラジルの朝露の記憶と結びついているのだ。だから、今も忘れないのだろう。

引退してリングを降りた瞬間から、俺のプロレスは終わったと思っている。ただ、朝露の記憶が蘇った今、あらためて「プロレス」に注ぎ込んだ猪木のエネルギー、つまり「猪木力」について、書き残しておくのも悪くないと思った。

昨年八月二七日に妻・田鶴子が六二歳の若さで逝ってしまった。女房が命がけで俺に教えてくれたことを知って欲しいという思いも込めた。

この本はデビューから引退までの三八年間を中心にしたためた。リングにかけた「猪木力」を存分に味わってもらえたら幸いだ。

第1章
プロレスは哲学だ

ジェス・オルテガ戦を終えて
流血する力道山の額にタオルを巻く
（写真＝東京スポーツ）

人の心を目覚めさせる

自分に興味のない人がいる時、「人を振り向かせる」という表現があるけど、俺の場合は、人の心をつかむなんて生易しいものじゃなくて、その人の心の中に入って、首根っこを押さえつけてでも、こっちへ振り向かせてやるっていう思いがあった。

本来の「猪木寛至」は、実は弱気な面もあって、人に言われたことを気にするところもあるんだけど、「アントニオ猪木」はそうじゃなくてね。

アントニオ猪木とは、眠っている何かを目覚めさせる存在で、ただひたすらに「振り向かせてやる」って一生懸命に頑張ってきた。それが俺の生き方なんだ。

必然に導かれる人生の不思議

一〇歳だった昭和二九年二月一九日、蔵前国技館で力道山が木村政彦と組んでシャープ兄弟と闘った日本初の本格的なプロレス興行の試合をテレビで見て「プロレスラーになる」って心に決めた。

後から分かったことだけど、俺は子供のころから体が大きかったから、近所では評判になっていたらしくて、相撲部屋からスカウトが来ていたらしい。

ブラジルへ行って夢は遠く離れたなって思ったら、力道山がやってきてスカウトされて逆に夢の方が勝手にやってきた。ブラジルへ行ったからこそ、力道山と出会えたわけで、そう考えると人生は、偶然じゃなくて必然なんだ。持って生まれた運命ってあると思う。

振り返ると人生で起きたいいことも悪いこともすべて、「あぁ、あの時、こんなことがあったから今があるんだな」っていう運命を感じることが多くあった。

プロレスラー以外の人生は考えられない

プロレスラーになっていなかったら何になっていたか？　と訊かれたら、俺は「プロレスラー以外にない」と答える。

ブラジル移民で夢がやってきたわけだけど、もし、ブラジルへ行っていなくて、力道山と出会えなかったとしても、プロレスラーになっていた。一〇歳の時に抱いた憧れは、「プロレスラーになるしかない」っていう強い決意だったから、どんな状況になっていたとしてもプロレスラーになっていた。だから他の人生や仕事は考えられない。

パフォーマンスよりも「強さ」

子供の時に「プロレスラーは強い」って憧れてたわけだけど、一七歳で日本プロレスに入門してから、この思いはさらに強くなった。プロレスラーの基本は「強くあれ」。ここは絶対に動かせない部分で、強さを追求することが俺の原点でね。入門したころは、有名になろうなんて考えなかった。ただひたすらに「強くなりたい」、この一心で練習してきた。

当時の日本プロレスのコーチは、早大レスリング部出身の吉原功《いさお》さん、柔道出身の大坪清隆さんで、俺はレスリングの経験がなかったから、スパーリングをやっても関節技を極《き》められるばかりでね。若手の中では大木金太郎さんが強かった。

だけど、毎日、必死に食らいついて同じ若い選手たちと切磋《せっさ》琢磨《たくま》すると、半年後には、ほとんど俺を極められる人はいなくなった。俺には天性の体の柔らかさがあって、特に足首は柔らかくて、どんな体勢になっても極められなかったね。

後にグレイシー柔術が一世を風靡《ふうび》した時期があったけど、彼らの試合を見ると、俺がかつて道場でやっていた技ばかりで「全部知っているよ」って、驚きはなかった。

道場で練習していると、レスラーは二つのタイプに分かれることに気づく。ひとつは、練習しないで見せることだけを考えているショーマン、もうひとつは関節技が好きで強さを求める格闘タイプでね。

俺は、当然、格闘タイプで、それを勝手に「力道山イズム」って解釈したんだ。リングでどうパフォーマンスするかは、また別の話で、パフォーマンスが強さより先走ったら、それは俺が考えるプロレスじゃない。

バカになって、人を喜ばせる

強さの追求は、「三つ子の魂百まで」という諺《ことわざ》のように、俺の中で変わらない土台。そこから子供が青年になり大人へと成長するように、レスラーとして幾多の経験を重ねる中でいろんな考えが生まれてきた。

一番、培われたのは、リングに上がった以上、人を喜ばせたいという精神だった。世界進出とかベルトとかチャンピオンとか最強の男とか、いろんな目標があったんだけど、でもそういうものは二の次で、とにかく理屈抜きで、どんな時でもどうやったらすべての客を喜ばせることができるかを考えていた。

そのためには、かつて「馬鹿になれ」って詩を書いたけど、バカになることが大切だと思う。ただ、これが、なかなか難しくてバカになれないんだ。

裸の自分を見せてやれ

みんな、生きていく中でどっか利口ぶっている。それは俺も同じで、だから、そんな小《こ》賢《ざか》しい計算なんかしないで、「バカになれ」ってたとえて言うなら、裸の自分って人に見られたくないいんだけど、それをあえて見せてしまおうぜっていう境地かもしれない。

裸っていうのは、体だけじゃなくて心にも当てはまるもので、利口ぶらずカッコつけずにすべてをありのままにさらけ出すことで、「バカになれる」のかもしれない。

問題は、それをどう見せるのかっていうこと。じゃあ、お前は本当の自分が見えているのかと聞かれると、考えてしまう。俺も借金して文字通り丸裸になって、そんな自分をさらけ出して恥をかいてかいてかいてかいてきたんだけど、なかなか本当の自分はまだ見えてこなくてね。

今は、そこは一生、追い求めなくちゃいけねぇのかなって思っていてね。そうすればいつか、本当の自分と向き合える時が来ると信じている。

「何でもいいから世界一になれ」

今でも心の宝として大事にしている言葉は、ブラジルへ行く途中のカリブ海で亡くなった祖父・相良寿郎から言われた、「何でもいいから世界一になれ」っていう教えでね。俺はこの言葉を支えに生きてきた。

じいさんの教え通り俺が世界一になったかどうかは分からないけど、俺の人生は、常に世界一を目指してチャレンジを続けてきた。

どんな時でも「心の貧乏人になるな」

じいさんの言葉では「心の貧乏人になるな」というメッセージも俺の支えになってきた。俺の場合は、プロレスラーという商売をしてきたから、何かあると本当のことより美化されたり、過大に伝えられることがある。そこに自分が惑わされずに、「品性鈍するな」っていうように、どんなにチヤホヤされても、逆にみじめな境遇に置かれても、「武士は食わねど高楊枝」という気構えが大事だと思う。

言われたことを無我夢中でやってみる

ブラジルから帰国した時に力道山は俺をブラジル人の日系二世として売り込もうとした。

スカウトされた時に力道山から「日本語をしゃべるな」と指示された記憶もある。

横浜生まれだし、移民でブラジルへ渡ったわけで、日系二世じゃないんだけど、その時は、「違う」なんて思う余地もなくて、何しろ雲の上の存在だった力道山から言われたことだから、疑うこともなく「はい」と返事をするだけだった。

今、振り返ると、力道山がそうやって売り出したのは分かる。だって俺は、何の特徴もない一七歳のただの少年だったからね。「日系二世」という触れ込みを付けて特徴を持たせたかったんだろう。日本語を話すなっていうのも、二世がベラベラしゃべったらおかしいから、そう言ったんだろうし、若い時はある時期まで、その教えを守って、たどたどしい日本語で話していた。

新しい世界に入る時は、そんな風に、上に立つ人から言われたことを無我夢中でやってみることは大切なことかもしれない。俺も「日系二世」だって言われて「これはおかしい」とか思ってしまっていたら、プロレスラーとして成長しなかったかもしれない。

帰国した羽田空港での記者会見で、力道山が「三年でこいつを何とかします」と話したのを聞いて、「三年で何とかならないといけない」って、それだけがプレッシャーでね。入門してから、「とにかく三年でレスラーとしてモノになる」っていうこと以外に何かを考えている暇もなく、ひたすら強くなるために練習する日々だった。

それは、「日系二世だ」という指示に従ったことに象徴されるように、すべてのことを何の疑いもなく実行したから、ただ強くなることに専念して、何とかファンに認められる存在になれたと思う。

若い時にはそういう無我夢中になる日々も必要だと思う。

たった一言で光が見える

力道山に憧れた俺だったけど、傍《そば》にいれば人間としての裏側も見えることもある。具体的に教えられたことは何もなくて、まともに口をきいてくれたこともなくて、何かあれば「このバカ野郎！　ブラジルへ帰すぞ！」ってぶん殴られる毎日でね。

ただ、忘れられないのが、昭和三八年一二月八日、力道山が刺された日の昼に赤坂のリキアパートの自宅に呼ばれた時のこと。

部屋に大相撲の高砂《たかさご》親方（元横綱前田山）がいて、親方が俺を見て「リキさん、こいついい顔してるね」って言った時に、力道山が「そうだろ」ってニコッと笑ったんだ。

それまで力道山に「俺のことをどう思っているんですか？」なんて聞けるわけもなくて、何も分からなかった。だけど、あのたった一言で俺は救われた。もしかしたら、俺のことを有望だと思ってくれているんだってね。

力道山は、その一週間後の一二月一五日に三九歳で亡くなってしまったから、あの「そうだろ」が俺にとって、言ってみれば遺言になった。その一言が、亡くなった後、俺の支えになった。あの言葉がなかったらプロレスラーとしての俺はなかった。たった一言で人生は救われることを学んだことでもあった。

見栄を切って人を引き付ける

力道山からは、言葉では何も教えられなかったけど、三年間、付け人をやって傍にいさせてもらったことで、自然に吸収したことはある。

これは、他の選手が学べなかったことでね。戦後の日本を振り返れば、力道山なしで語ることはできなくて、あの派手さと見栄の切り方は、本当に人を引き付ける魅力にあふれていた。それを俺は背中を見て知らず知らずに学んでいったと思う。

私生活でも、当時、最先端のアメリカ仕込みのファッションを取り入れていて、すべてがカッコよくてね。特に葉巻を吸う姿が忘れられない。あの太い葉巻を吸うカッコよさって他ではあまり見たことがなくて、みんなの憧れだった。プロレスラーで葉巻を吸う選手は、あれは力道山の流れだよね。

亡くなった時は、あまりにも急でただただ呆然としてた。あれほどの英雄がこんなあっさり逝ってしまうのかって……最後に教えてもらったのは、そんな命のはかなさでね。

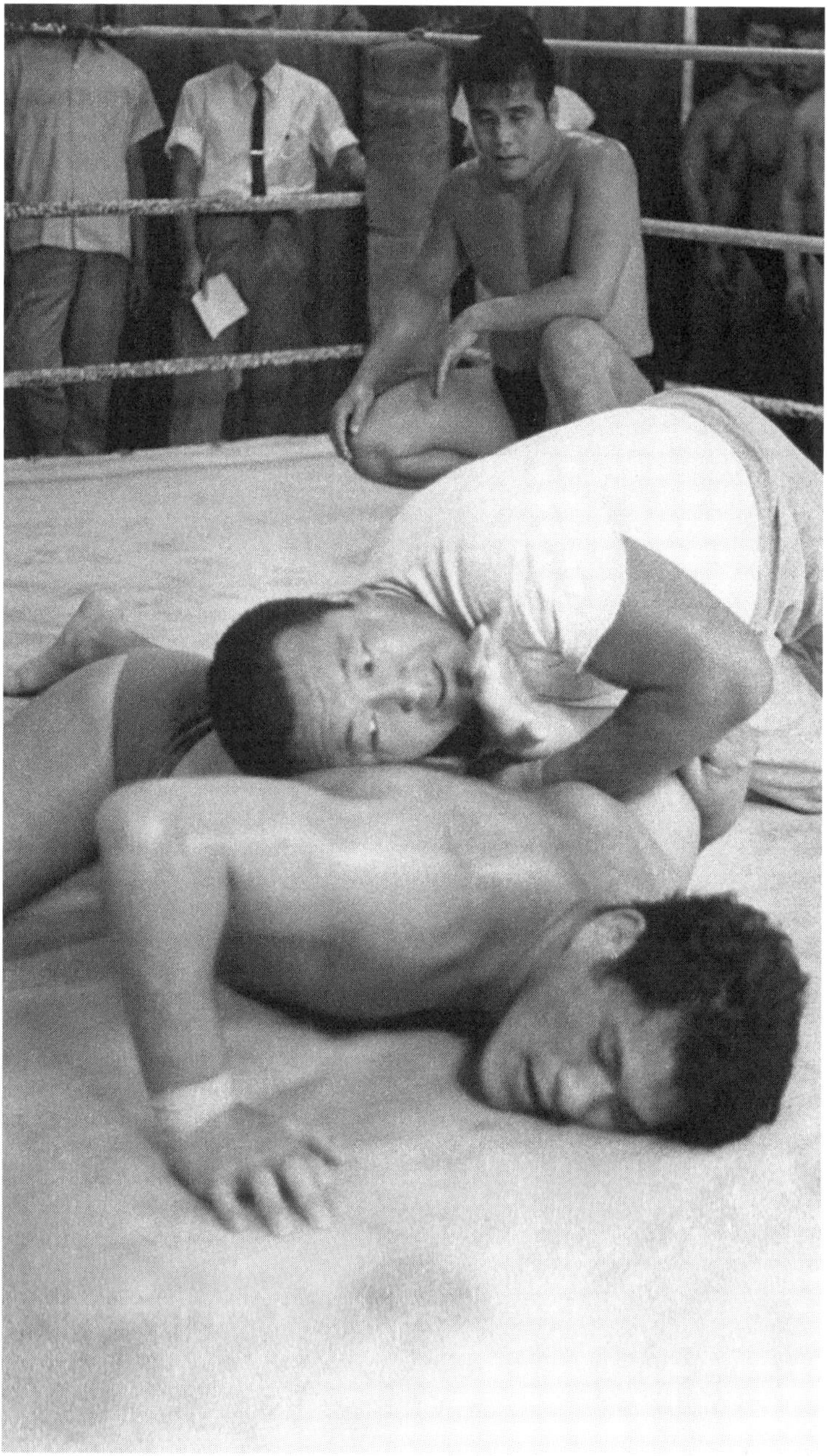

スパーリングで力道山に腕を極められる。後方は大木金太郎（写真＝東京スポーツ）

力道山の死で学んだことは、生きているうちが花なんだ、命ある限り精一杯生きろっていう、気概でね。それは師匠からの無言のメッセージだったのかもしれない。

マイナスの感情もバネになる

デビュー戦は、入門から半年後の昭和三五年九月三〇日、台東区体育館で大木金太郎さんと対戦した。

同じ日にジャイアント馬場さんもデビュー戦だった。馬場さんの相手は田中米太郎《よねたろう》さんで、当時、道場で一番弱い人だったから誰がどう見たって勝つに決まってる試合だった。ところが、俺の相手は道場の実力者だった大木さんで、誰でも勝ちたいと思う晴れのデビュー戦だったけど、結果は馬場さんは勝って、俺は負けた。

その時に感じたのが、それまではなかったプロレスへの不信感だった。

今、思えば、馬場さんはプロ野球の巨人のピッチャーで入った時から注目されていたわけで、興行師的な見方をすれば、その馬場さんがデビュー戦から負けちゃったらまずいと考える。だけど、当時の俺はそんな仕組みがよく分かってなくて「なんでなんだ！」って憤った。でもその不信感がその後、「今に見てろ」っていう糧になったわけだから、マイナスの感情もバネになることを知った。

馬場さんのようにはなりたくなかった

ジャイアント馬場さんがいたことは、俺にとって本当にありがたかったと思うね。プロレスラーとしてどうあるべきかを学ぶ上で、大きかった。

常に俺と馬場さんは、同じ日に入門してデビューしているし、ライバルとか敵対しているって言われた。ライバル意識がなかったと言えば嘘になるけど、ジェラシーはなかった。それよりも比較対照できる存在がいることはいいことなんだ。そこにひとつのパワーが生まれる。

馬場さんは、巨人軍出身というブランドがあって、二メートル九センチという持って生まれたあの体の大きさは凄かった。

俺はただのブラジルから来た少年でね。だけど道場で馬場さんは、練習もさぼっていた。だから、俺にとって馬場さんは、ズバリ言えば「ああいう風には、なりたくない」っていう存在。合わせ鏡でいつもあの人を見ながら、「俺は違うぜ」って気づかせてくれた。それは新日本プロレスを旗揚げしてからも同じ思いで、馬場さんの全日本プロレスがあったからこそ、あれじゃいけないって足元を見つめることができたんだ。あの存在はありがたかった。

馬場さんとは、若手の時代にシングルで一六連敗してるんだけど、なんで負けたかって言われたら、「知らねぇよ」っていう世界でね。向こうは五歳年上だし、興行の在り方の部分でそうなったんじゃないのって言うしかないんだ。

「裏をつく」ことも自己主張

デビューから三年半を経た昭和三九年三月、二一歳の時にアメリカへ武者修業に出た。当時は、アメリカへ行くことは出世コースでみんなの憧れだった。

アメリカのプロレスに入って俺が感じたことは、アメリカンプロレスの良さはもちろんあるけど、そこには俺が求めてきた力道山イズムの「強くあれ」というものがなかった。アメリカのシステムは、メインイベンターが看板で一番ギャラが高くて、いかにメインを取るかが収入につながった。評価の基準は、メインを組まれた時、翌週の会場をいっぱいにするか、しないか。プロモーターにゴマするヤツもいたけど、そんなんじゃなくて、俺は、どれだけ自分の個性を客にアピールできるかを考えていた。

その時に思ったことが、馬場さんを比較の対象にした時と同じ発想で、アメリカンプロレスと俺のプロレスを表と裏だとすれば、アメリカのプロレスにはない裏をついてやろうって思って、他の選手にはない俺だけの世界を広げることを考えた。そうしたら結果的に客を呼ぶことができた。

アメリカ修業で一番覚えている試合は、ジン・キニスキーと対戦した時でね。何度か闘ったんだけど、キニスキーは凄かった。初めて対戦したのが昭和四〇年の九月。俺は二二歳でキニスキーは三六歳。「こんなジジイに負けるかよ」って俺も甘く見ていた。そしたら、試合では振り回されて息が上がって必死に食らい付いていったことを覚えてる。キニスキーはこの翌年の一月にルー・テーズを破ってＮＷＡ世界ヘビー級チャンピオンになるんだけど、キニスキーに世界の凄さを教わったし、一方で互角に対戦できたことは俺の自信になった。

「アントニオ」の由来

アメリカでは、地区が変わるとリトル・トーキョーとかミスター・カジモトとか、勝手にプロモーターがつけたいろんな名前でリングに上がった。

もともとデビューした時は、本名の「猪木完至」で上がっていた。名前の意味は、物事を完全に成し遂げるっていう願いが込められているんだけど、「完至」から今の「寛至」になった理由は、戦争で横浜の役所が空襲で燃えて、戸籍がなくなってね。再び届ける時にどういうわけか両親が「完至」から「寛至」に変えたって聞いたんだ。だから本当は

「完至」なんだけど、戸籍上は「寛至」ということになっている。

昭和三七年一一月の沖縄での試合から「アントニオ猪木」というリングネームになったんだけど、名前は自分でつけた。ブラジルからの日系二世という触れ込みだったから、ブラジルで「アントニオ」という名前は日本で言えば「太郎」、「二郎」みたいなありふれた名前だったんで、単純に「アントニオ」でいいだろうって。あまり深く考えなかったね。

その同じ月に『チャンピオン太《ふとし》』というプロレスのドラマが始まって、俺は「死神酋長」という名前で出演したんだけど、豊登《とよのぼり》さんが、そのままリングネームにさせようとして、それはさすがに勘弁してくださいって断ったよ。当時、豊登さんは「高崎山猿吉」とか「上田馬之助」とか、あの人ならではの妙なネーミングをするんで、困ったものだったね。

仕事とは「誇りの場所」だ

俺がアメリカから日本に帰ってきたころには、「プロレスは八百長だ」とバカにするような偏見や差別が、相当出てくるようになっていた。

報道にしても、新聞は「東京スポーツ」ぐらいしか報じなくなっていて、明らかに力道山がいたころとは、プロレスへの見方が世の中全体で違う風向きになっていた。

昭和四四年に「黒い霧事件」と呼ばれたプロ野球の八百長問題が騒がれた時も「プロレスのようだ」とか引き合いに出され、そのたびに俺は「今に見てろ！」って自分の中で燃えるものがあった。

選手の中には、八百長と書かれても相手にしない方がいいと言う人間もいたが、俺は、力道山にブラジルから連れてこられて、純粋に強くなりたいと思って修業をして必死で生きてきたから、自分がプロレス界にいる限り、そこは誇りの場所であって、プロレスの地位を脅かされたり、存在を否定されたら黙っちゃいねえぞっていうのがあったんだ。

自分が命をかけて闘っていることをバカにされて、黙ってられるかって。自分の仕事に誇りを持っていたし、誇りがあるならいつの日か振り向かせてやるって思ってた。

これは別にプロレスだけじゃない。どんな職業に就いている人も、自分が日々、汗水流して頑張っている仕事をバカにされたら「ふざけるな！」って怒るのが当たり前だと思う。

劣等感が大事なんだ

プロレスをバカにされて、批判されて踏みにじられた時に、俺の中に「この野郎！」ってパワーが生まれた。

これを俺は「劣等感」と表現しているんだけど、批判がバネになって「見てろ！　お前ら」っていうエネルギーに変われば、まったく違う世界が見えてくる。新しい発想が生まれる。

だから、劣等感は大事なんだ。

力の源は「ざまぁみろ!」

俺が劣等感を糧にした最たるものが、異種格闘技戦だった。

昭和五一年二月六日、ミュンヘン五輪で柔道の金メダルを獲得したウィレム・ルスカとの試合から始まった異種格闘技戦は、強さを証明したいという俺の思いと、興行師的発想で言えば、世界に向かって「ざまぁみろ! この野郎」って言えるかどうかっていう勝負だった。

昭和四七年三月六日、大田区体育館で新日本プロレスを旗揚げしてから、俺はレスラーだけじゃなくて社長にもなって、興行師としていつも意表をつくことをやってファンを興奮させることばかり考えていた。

あと、「世界」っていう言葉に弱くて、常に「世界に発信」と掲げてきた。だから、世界中の誰もが「できるわけがない」とどこか見下していた、ボクシング世界ヘビー級チャンピオンのモハメド・アリとの試合も、「ざまぁみろ!」って叫びたい一心だったわけだ。

ただ、それ以上に、試合がバッシングの嵐にさらされて挫《ざ》折《せつ》感も味わったんだけどね。

エネルギーはファンからもらう

お客さんはありがたいもので、俺はエネルギーを発散するけど、誰からエネルギーをもらうのかと言えば、それはファンからということになる。

若いころから、例えば駅で人が寄ってきて「握手してください。サインしてください」って頼まれると、正直、面倒くさい時もあるけど、よほどのことがない限り拒否したことがない。

今はスマホで「写真撮ってください」って頼まれて、周りの者は止めるけど、俺は「いいから撮って」って言うんだ。

なぜかと言うと、その人が家に帰った時、家族に「今日、猪木がいたんだよ、写真撮らせてって言ったら気持ちよく撮らせてくれたよ」って家族団らんの話題になればいいって、若い時からずっと思っていた。そのことで巡り巡って新しいファンが生まれて、俺にエネルギーを与えてくれるんじゃないかなと思ってきたんだ。

大衆の中に咲く花であれ

俺に会ったことで、みんなが喜ぶのなら、それでいいじゃんっていうことで、同じような人気商売だと、俳優さんとか歌い手さんとか、それぞれの立ち位置があると思うけど、いつも俺は大衆の中に咲く花でありたいって思う。

そんなきれいなもんじゃねぇかな？　じゃあ……何だろう。

勇気を与えられれば本望

一方でファンについては、これほどいい加減で薄情な存在もないとも思う。昔、三波春夫さんが「お客様は神様です」って言っていたけど、大変いい言葉に違いないけど、お客さんは、いい時は「猪木さん」って来てくれるけど、嫌になると来なくなるからね。

その点、猪木ファンはありがたい。俺に何があろうと、今もずっと付いてきてくれる。俺のファンは熱狂的で「猪木信者」って言われるぐらいでね。時々、俺は引退した後、宗教家になった方がよかったかなって思うぐらい、大勢の人たちが信じてくれている。

ファンから「猪木さんと会った時は、命を絶とうと思っていたんです。だけど会って変わりました」っていう手紙を何通ももらったことがあって、俺がそういう人たちに何をしたのかは分からないけど、生きざまを目にしてくれて勇気を与えたんだと思えば、これ以上の喜びはない。

だから、俺は誰に何を言われようとこの「猪木信者」だけは裏切ってはいけないと思っているし、この人たちのためにメッセージを送り続けないといけないと思ってるんだ。

詐欺師は夢を運んでくる

宗教家にはなれなかったけど、これは好きというわけじゃなくて、でも詐欺師って面白いと思う。だって、夢を運んでくるからね。ただ、そこに乗るか乗らないかはその人次第で、俺もいくつか乗っかったことがあって、騙されたかもしれないけど、それも俺自身の問題でね。

当たり前だけど、詐欺は犯罪だしやってはならないことなんだけど、俺が言いたいのは、騙すっていうことより詐欺師が考える夢が面白いっていうことで、「その嘘、本当かよ⁉」っていう話を考えることに惹きつけられる。

結局、人間って現実的で目に見えるものしか信じない存在でね。でもそれじゃ面白くない。

思い出すのは、俺が国会議員だった時、平成二七年四月に参院予算委員会で当時の中谷《なかたに》元《げん》防衛相にUFOの質問をしたら、バカにした女性議員がいた。自分が見たことないからバカにしたと思うけど、今になってアメリカの国防総省がUFOに遭遇した映像を公開して、UFOの存在は、肯定派の方が多くなっていると思う。

つまり、世の中って一瞬で状況や価値が変わることがあって、逆に言えば世の中が変わらないと自分のことしか信じないのが人間でね。その点、見えない夢を持ってくる詐欺師は面白いって思うんだよね。

命をかけて面白いことをやる

じゃあ、アントニオ猪木は詐欺師なのかって自分に問いかけてみる。とっくに現役でもないボロボロになっているじいさんを、よくもみんなが慕ってくれると思うけど、ある意味、ちょっとした詐欺師的な発想があったのかな？　って思うこともあるね。

俺はとにかく、面白いことをしたいって思い続けてきてね。エンターテインメントというのは、本気で面白いことをやることだと思う。

それが俺の場合は「闘い」だった。だから、大げさに言うと、この試合で命をかけてもっていう思いでリングに上がってきたし、実際、アリ戦、パキスタンでのアクラム・ペールワンとの試合とか、命をかけた試合はいくつもある。

プロレスは人生だから、すべてがリアル

こういうことを書くと、よく「リアルファイト」とか「ガチじゃない」とかって言うヤツらがいるけど、俺にとって闘いはすべてリアルでね。だって、現役の時、プロレスは俺の人生だったわけだから、生きることにリアルも何もあるかよって。全部、本気だぜって。線を引くこと自体が俺にはまったく分からないんだ。

プロレスラーのプライドを教え切れなかった

引退してから、プロレスが嫌になったのは、プロレスラーのプライドを、俺が弟子たちに教え切れなかったっていう後悔があるから。

人には、プライドがある。プライドとは、他人に対して「お前らとは違うんだよ」っていう熱い思いだと思っている。

レスラーなら他のヤツらと俺はここが違うぜっていう武器を持つことがプライドであるはずなんだけど、弟子たちに「俺は違うんだよ」っていう本気のプライドを伝えて残すこ

とができなかったのが、俺としては残念だったし、自分自身で反省する部分でもある。

満員じゃなきゃリングに上がらない

プライドという意味で言えば、興行師としてはどこの会場でも満員にするっていうのが俺の中のルールだった。

新日本プロレスを旗揚げして間もないころ、埼玉の秩父で試合があって、試合前に控室から会場をのぞいたらガラガラでね。たった三百人しか入らなかった。季節は冬。客席は寂しいし、控室の窓ガラスが割れていて、そこから風が吹き込んできて身も心も寒さで震えた。

あの時、「この三百人を絶対に逃さない」って誓ったんだ。ここがどん底で、ここから三百を千、千を三千、一万……どう増やすかっていうことだけに執念を燃やしてきた。

あの三百人っていうのは、俺の三八年の現役生活で最低の記録だったと思う。それからは、俺がリングに上がる以上、満員じゃなきゃ上がらねぇよっていう気持ちはあった。

今で言えば、新型コロナウイルスの感染拡大で、無観客で開催した大相撲春場所やプロ野球なんかをＮＨＫで見たけど、観客がいないところでやってる相撲や野球って寂しいだけだよね。

プロと名がついている以上、観客があってこそ成り立つ世界。興行の世界は客席を満員にしてこそ意味があるとあらためて感じた。

だから、俺が社長だった当時の新日本プロレスの営業社員たちは、大変だったと思う。だけど、これぐらいの客入りでいいやって満足していたら、社員も成長しないし磨かれないわけで、当時のスタッフは本当に頑張ってくれたと感謝している。観客を満員にする鉄則なんて、あれば俺が教えて欲しいぐらいだ。いまだに明快な答えは見つからない。

客を呼ぶために、駅前でチラシを撒《ま》いたり、パチンコ店とタイアップしてイベントをやったり、大阪の夜の街で一晩に切符を二千枚売ったこともある。

そういう場にはレミーマルタンが出てきた時代で、スポンサーに「これはいい酒ですよ」って勧められて、「そうですか」って言いながら、内心は切符を買ってもらうため「しょうがねぇな」って思いながら三本ぐらい飲んでね。さすがに相手も呆れて、そこから酒を出さなくなったけどね。

外側を巻き込んでいく「環状線理論」

良いか悪いかは別にして、そんな切符売りもやってきて、とにかく一枚の切符を売るにも必死だった。その中で興行を成功させる、あるいは話題を呼ぶ俺なりの考えは、「環状線理論」ということになる。

これは、環状線の内側がプロレスファンだとすれば、いかに環状線の外側にいるファンじゃない人へ情報を発信するかということで、外を意識してそこを巻き込んでいくと、環状線はどんどん大きく広がっていく。

これは、異種格闘技戦とか誰もがやったことのない仕掛けをやっていく中で気づいたことでね。

土台には、付け人として力道山の背中を見てきたことが当然、あった。あの時代は、力道山にグレート東郷が参謀に付いていて、例えばグレート・アントニオを「カナダの木こり」と称して、それが世間でも通っちゃう時代。今とは違うけど、そういう「力道山イズム」の興行のやり方は自然と学んだと思う。

要するにプロレスにそっぽを向いている連中をいかに振り向かせるかということで、俺は、業界全体の人気を上げるためにも環状線の外を常に意識していた。成功への答えはないけど、もしも興行に鉄則があるならば、環状線理論ということになる。

パフォーマンスにはメッセージを込める

興行で客を引き寄せるという部分で言えば、パフォーマンスは、大事だと思う。

俺も散々、パフォーマンスをやってきて言えることは、そのパフォーマンスは何のためにやっているの？　っていう問いかけが必要ということで、俺の答えは、その中にメッセージが込められていなければダメだと思う。

お笑い芸人さんが必死で笑わせる姿をテレビで見るけど、頭を叩くだけとか、パンツを脱いでお盆で隠したりとか……売らんがためっていうのは分かるし、それもひとつの生きる道だと思う。同じようにプロレスラーがリングに上がって、ただ宙返りをしてリングの外に飛んで行く。お盆で隠すのも宙返りも、ショーとしては面白くていいけど、見ている人の心に残るものがないようでは本当のパフォーマンスとは言えないだろう。

プロレスラーなら、闘いからどんなメッセージが送れるのか。何を観客に伝えたいのかを追求すべきで、それは「プロレス道」と表現できる「道」の世界なんだ。そのメッセージ性があればパフォーマンスは悪くないだろう。

プロレス道の真実は闘い

プロレス道という意味で何が真実かと言えば、やはり闘いということになる。

現役の時は、自分は世界一強くて俺に勝てるヤツはいないって粋がってたからね。本気で命かけてやるって思っていたし、それは別にビッグマッチとかじゃなくても、地方の会場の控室で「ここで命落としてもしょうがねぇな」ってふと覚悟することもあった。

相手の実力を見抜く眼力

リング上は、瞬間瞬間の目の勝負だった。

人と会話する時は相手の目を見て話しなさいって教えられたことがあると思うけど、それと同じで、リングに上がれば相手の目を見て一瞬でこいつはどういう選手かって見抜かないといけない。

確かに筋骨隆々で体を見ているだけでビックリするような選手もたくさんいたけど、目は心の窓って言ってね、目を見れば、そいつの実力を俺は見抜けて、いくら筋肉が凄くても目が泳いでいれば、その瞬間に相手を見切ったね。

それは俺自身が意識して見るのではなくて本能的なものだった。

どこまで行くか分からないスリル

記憶に残るのは、タイガー・ジェット・シンの目。シンの目は生きていた。シンとは目と目の勝負だった。

シンとの試合は、秤《はかり》のような闘いでね。こっちが重りを載せると向こうがそれ以上の重りを載せてくる。そうなると俺は「おっ！　そこまでやる？　じゃぁ、ここまでいくかい？」とまた別の重りを載せて、そこで、また、向こうが……っていうね。猪木なのかシンなのか、どちらかが、ドンッと落ちる限界まで載っけていく、そんな闘いだった。

俺もシンもどこまで行くか分からないスリルがあったから、見ている側は興奮したと思う。限界まで秤の上に重りを載っけることがプロレスラーとしての醍醐《だいごみ》味だった。

シンは、俺のイズムを分かってくれていた。お互いケガしても、それは、それで勝負だからしょうがねぇなっていう意識があった。

そして、やはり師匠・力道山の目は凄かった。目の勝負は、師匠の背中を見て自然に覚えたことだったかもしれない。

鬼気迫る姿から学ぶ

俺には三人のプロレスの師匠がいた。

一人はもちろん、力道山。一試合、一試合、一瞬、一瞬にあの空手チョップを叩き込む姿は、ド迫力でね。

一説によると空手チョップを会得するために毎日三千回打ったという話があって、それが本当かどうかは分からないけど、あの狂気にも似た鬼気迫る姿から根性論、闘魂という魂を学んだ。

二人目がルー・テーズ。対戦したことはあるけど、直接、何かを教えてもらってはいない。だけど、あの天性のプロレスラーとしての素質は俺の憧れで、学ぶことが多くて勝手にこっちが師匠だと思っている。

真剣を抜く覚悟

三人目は、カール・ゴッチ。ゴッチさんからは、やられたらやり返せっていうか、いつでも真剣を抜けということを教えてもらった。

ゴッチさんは日本プロレス時代、昭和四三年から道場でコーチを務めてくれて、関節技を教えてもらった。

あの人は、スパーリングで相手に極められそうになった時、尻の穴に指を突っ込んでまで相手を倒そうとした。尻の穴に指を入れられると腰が浮くわけで、その瞬間にひっくり返す。これは、刀で言えば木刀なのか真剣なのかという話で、ゴッチさんからは常に真剣を持てということを学んだ。

相手と観客を総立ちさせる快感

三人の師匠から学んだことを吸収して、闘いの中で俺なりの「猪木理論」を考えた。

それは突き詰めると直感力で、計算なんかしたってしょうがねぇよっていうことで、計算通りに物事が進むことほどつまらないものはない。その瞬間瞬間、感じたままに動く直感がすべてでね。

レスラーなら直感を磨けっていうこと。俺は、ブラジル時代に兄貴とジャングルに入ったことがあって、山刀で木を切って自力で道を作っていったんだけど、途中で道がまったく分からなくなって、その中で迷ってしまった。半日、彷徨《さまよ》って出られなくなったことがあった。周りは鬱蒼《うっそう》と木が生い茂っていて太陽の光が差してこないから、昼間なのに真っ暗でね。だいたい、この辺から入ってきたから、ここを抜けて行けばいいかなと見当を付けて、半日もウロウロしながら、こっちへ進めば出られるんじゃないかって勘を働かせて、やっとジャングルから出てこられたことがあったんだ。

この時を思い返すと、経験に勝るものなしっていう、そんな経験の積み重ねで俺独特の勘が培われたんだろう。

直感を働かせると、闘いながら自分が見えることがある。もう一人の自分がリングに出てきて、その時に客が何を求めているのかっていうことも瞬時に分かる。相手だけでなくて客を自分の手の上に載せて総立ちさせる瞬間は快感でね。

俺は人を手の上に載っけるのがうまいんだよ。これは天性。そう考えると「猪木理論」って書いたけど理屈じゃ説明できないものかな。

必死でやれば代弁してくれる人が現れる

直感で勝負してきて、言葉にできなかった「猪木理論」だけど、いろんな人がそれぞれの言葉で表現してくれた。

中でも直木賞作家の村松友視《ともみ》さんが昭和五五年に書いてくれた『私、プロレスの味方です』は、俺の思いをしっかり捉えてくれる人がいたと思って、ありがたかった。

テレビの世界では、古舘《ふるたち》伊《い》知《ち》郎《ろう》君が素晴らしかった。当時は、テレビ中継の興行が終わると、テレ朝のスタッフと反省会をかねて次のアイデアを話し合ってね。みんな、思いをぶつけあって熱かった。

村松さんは作家の世界から見たプロレスで、古舘君はずば抜けた自己表現力があった。

全身で必死の思いでやっていれば、言葉にできない俺のことを代弁してくれる人たちが出てきてくれて、その表現によって周りの空気が変わった。

出会いがあって自分がいる

人生って出会いがすごく大事。ブラジルでの力道山との出会いは運命としか言いようがなくて、誰と出会うかで人生は大きく変わってくる。

俺の場合、「この人がいたから今がある」っていう出会いを振り返ってみれば、一にも二にも佐川急便の創業者の佐川清会長になる。

佐川会長とは、共通の知人を通じて昭和五三年からお付き合いをさせていただいて、いつも支援してもらってきた。

俺にとって最後のタニマチで、とにかく大物でね。日本一のタニマチと呼ばれるぐらい、芸能人や相撲取りも世話になった人がたくさんいると思う。俺はいつも金の話で訪ねていくのに、俺の話に「うん」ってうなずいているだけでね。返事はいつも「そうカネ」。金持ちはいっぱいいるけど、あれほど使いっぷりのいい人は佐川会長だけだった。いまだに当時、会長のそばにいた人たちに会うと、会長は「猪木は面白いんだよな、あいつが持ってくる話は楽しいんだ」って言ってたって聞く。

会長は平成一四年三月一一日に七九歳で亡くなった。

いろんな出会いがあったけど、プロレスラーという枠を超えて俺の人生が今あるのは、佐川会長との出会いがあったからだと感謝している。

やり残すくらいなら、精一杯戦っておけ

俺は平成一〇年四月四日、東京ドームで引退した。

史上最多の七万人の観客を動員した引退試合を最後に、復帰することはなかった。よくプロレス界では一度引退してカムバックするレスラーがいる。復帰する時に「やり残したことがあるから」なんて調子のいいこと言っているけど、こいつら嘘をつけって。金がなくなったから、そこが一番稼ぎやすいから戻ってきたんだろって。

現役としてピークを通り越して客も呼べなくなったから引退したのに、「やり残したから」って言うのは理解できない。

やり残して復帰するぐらいだったら、もっと現役の時に精一杯戦えよって俺は思う。それって現役の時に一生懸命生きてこなかったことの表れでしょ。

カッコよく去ることができる限界

俺はエキシビションマッチはやったことがあったし、頼まれてしょうがねぇからリング

に上がって「ダァー」をやってたけど、口はばったいようだけど、絶対に復帰はしなかった。それは、三八年のレスラー生活で命をかけてやるだけのことを精一杯やってきたから。今も辞めたことに一切の後悔もないし、プロレス人生にやり残した悔いがあるはずもない。

五五歳で引退を決めたのは、自分の裸を見た時に、もう人に見せるものじゃないって判断したからだ。辞めようとする時、周りは「まだまだやれます」とか言ってくれたけど、限界だったのは俺自身が一番分かっていた。

俺の美学は常にカッコよくありたいっていうものでね。みっともない裸を見せるわけにはいかないって感じて、カッコよく去ることができる限界が、あの五五歳の時だったんだ。

常に新しい道を歩く

引退興行で最後に「道」という詩をメッセージとしてファンに届けた。

あれは、昔、誰かが俺に色紙に書いて贈ってくれた詩でね。引退はリングから降りるという意味で、ひとつの区切りではあるけど、新しい道の始まりでもあるよっていう意味を込めた。

これからの人生は今までとは別の新しい道を俺は歩くという決意で、喜寿を迎えた今も、その思いは変わっていない。

第2章
興行師アントニオ猪木

新日本プロレス創立後は、興行師としても手腕を発揮した（写真＝山内猛）

俺は「一寸先はハプニング」って言ってきたけど、今、思えば予想もしていないことが数多く起きた。

この章では、そんな「事件」や仕掛けた「興行」などを辿ってみたい。

太平洋上略奪事件

昭和四一年三月に日本プロレスを退団して豊登さんが作った東京プロレスへ入った移籍劇をマスコミがこんなフレーズで報じたんだけど、俺は、昭和三九年三月からアメリカへ海外武者修業に出て、この年に日本プロレスからの要請で凱旋《がいせん》帰国することになっていた。帰国する前にハワイに寄って吉村道明さん、ジャイアント馬場さんと合流して、そのまま日本に戻るはずだったんだけど、そこに来たのが豊登さんだった。

豊登さんは、力道山亡き後、日本プロレスの社長に就任したんだけど、会社の経費を趣味のギャンブルに流用していることが発覚して、昭和四〇年末に日本プロレスを追われ、新団体「東京プロレス」の設立を決意していた。

移籍の理由はギャラだった

そこで豊登さんから新団体への参加を口説かれて、東京プロレスへ行くことを決めた。決意した理由は、いろいろあったけど、一番はギャラの問題だった。

二年間もアメリカへ行って、今のようにインターネットがあるわけじゃないし、通信手段もままならない時代で、日本の情報はほとんど知らなかった。ただ、日本プロレスが俺に提示した条件が外国人扱いという契約で、そこが一点引っ掛かった。

日プロの所属選手のギャラは、通常は一試合ごとに決められていたんだけど、外国人契約は一週間いくらっていう週契約で、「なんで俺が外国人契約なんだ」って憤りが湧いてきて、豊登さんの誘いに乗っかった。

ハワイで移籍を決意したことから豊登さんが猪木を「略奪」したって、事件のように大騒ぎになったというわけでね。

破天荒な豊登の魅力

ギャラ以外で言えば、結局、ハワイまで来た豊登さんの頼みを断り切れなかったっていうのが本当のところでね。

あの人って、顔が死んだ兄貴に似ていた。兄貴は博打はやらなかったけど（笑）。人間って相性ってあって、豊登さんは人がよくて、何か憎めない特別な存在だった。

何しろ破天荒で、博打打ちっていうけど、それは半端じゃなかった。東映の映画に出てくるような丁半博打で、俺も入門したばかりの一七、八歳の時に博打の「鉄火場」に連れて行かれてね。今の時代だったら、そんなところに行っただけで大変な問題になると思うけど、俺も好きだったんだろうね。ちょっと食いつけば三〇万、四〇万って金が稼げた。そこはあまり学ばない方がよかったんだけど、豊登さんの破天荒さに魅かれてしまったんだね。人間ってそういうところがあるんじゃないかな。

これも笑っちゃう話だけど、ある時、力道山とのタッグマッチで、豊登さんがリングインすると、全然、力道山にタッチしなくてね。さすがに力道山が「トヨいい加減にしろ、タッチしろ」って怒ったんだけど、後で聞いたらリングサイドに借金取りがたくさん押し寄せてきていて、「リングの真ん中が一番安全だ」って笑ってたよ。

とんでもない話ばかりだけど、あの人のキャラクターというか性格で許されてしまうっていう不思議な人だった。

だから、俺を東京プロレスに誘うためにハワイに来た時は、当時は福田赳夫《たけお》さんが大蔵大臣だったんだけど、「福田さんがバックに付いているから大丈夫」って説得された。こっちは「どうせ……」って思ったんだけど、「いいですよ」って答えちゃってね。

団体も三か月で潰れて、結局は、乗っけられただけだった。東京プロレスが崩壊して裁判で争ったこともあったし、今でも時々、豊登さんと出会わなければどうだったのかと思うこともある。

でも人生を振り返ると、力道山もそうだけど、豊登さんみたいな、ああいう、とんでもない人と出会えたのもひとつよかったかなって思いますよ。

日本プロレス追放劇

昭和四六年一二月一三日に、俺は会社乗っ取りを計画したとして、日本プロレスを追放された。

当時は、力道山の時代から日プロを支えていた政界のフィクサーと呼ばれた児玉誉士夫さん、会長だった元衆院議員の平井義一《ぎいち》さんから、「プロレスはこのままじゃ、ダメだよ。改革しなきゃ」って言われてね。

放漫経営に黙っていられなかった

当時の幹部は、銀座でいくら金を使ったっていうのが自慢話で、俺たちがリングで血を流して稼いだ金をお前らが夜の街を楽しむために使うのかっていう思いもあって、会社の放漫経営の改革を計画した。

力道山が急逝して「力道山がいなくなってプロレスはダメになるだろう」って言われていたのが、まったく逆で、客がすごく入る時代になった。幹部連中は、我が世の春を謳歌していた。力道山が生きていた時は、「力道山」という絶対的な存在自体が、彼らにとって自由が利かないもの凄い重い蓋だったんだけど、亡くなったことでその蓋が外れてやりたい放題になった。

選手たちも、団体よりも自分たちだけのことを考えるヤツらが増えて、結局、道場で練習もしないで幹部レスラーにゴマすってる選手や、幹部との夜の付き合いをしている連中が優遇されるようになって、選手の中も乱れていた。

幹部は、道場も作ってレスラーの育成もやっていたと思うけど、ズバリ、まともな経営者がいなかった。そこを俺は、プロの経営者を呼んで変えようとして、一時はジャイアント馬場さんをはじめ中心選手も団結していた。だけど、俺の周りにもいろんなのがいて、俺をうまく利用しようとしたのもいたんだ。俺自身は乗っ取るつもりなんてまったくなかったけど、そういう周囲の人間の動きから、今思えば、そういう風に取られても仕方ないところはあったのかなと思う。

すべての過去を根に持たない

改革へ動いていた時、上田馬之助が幹部側へ俺たちの動きを密通したって伝えられている。彼は、遠藤幸吉さんに可愛がってもらって近かったからね。だけど、もう彼も亡くなったわけだから、裏切ったからどうとかって今さら言うことはない。俺は、すべての過去を根に持たないからね。だから新日本を旗揚げしてから上田を参戦させた。

自分なりの死生観で「砂漠に遺した足跡」って言葉があるんだけど、俺にとってすべては過去でね。相手が恨みを持っているのかどうか知らないけど、俺にとってそんなものはすべて過去で、俺はもうそこにはいないんだよね。

練習が基本だから、まず道場を作った

日本プロレスを追放され、すぐに自分で新しい団体を作ることを決めた。

新団体の名前は俺が「新日本プロレス」って考えた。特別な考えはなくて、新しい日本のプロレスだから「新日本」。そのまんまだ。

まず、やったことは道場を作ることだった。レスラーの基本は練習というのが俺の信念でね。だから、何よりも先に道場を作った。

道場はレスラーにとっての生命線で、そのためにまずは場所を確保しなければならない。だけど、適当な場所がすぐに見つからなくて、「じゃあ、どこに作るか？」って考えた時に「俺の家をつぶすしかない」って即決した。

世田谷区の野毛《のげ》にあった自宅の庭をつぶして、家屋を選手のための合宿所にした。あの家は、歌手の畠山みどりさんが前に住んでいたんだけど、家主さんは別にいて、その人から買いませんか？　って勧められて買ったんだけど、正直言うと「こんな小さな家で恥ずかしいな」って思っていた。それは、俺が生まれ育った鶴見の家も大きかったし、ブラジルでは、掘っ立て小屋みたいなところに住んでいたけど周りは草原だったし、池上にあった力道山の家は千何百坪あったから。

道場訓を掲げたんだけど、あんなのは誰かが書いたもので俺が書いたものじゃない。

新日本はいまだにあそこを道場にしているけど、もっと大きなところでちゃんとした道場を作って欲しいなって思う。

マイナスからの出発に清々しさ

日プロを追放されたのは俺にとってダメージではあるんだけど、それよりも逆に、すぐに新しい団体を作って、俺がやりたい強さを追求するプロレスができる喜びがあった。新日本の旗揚げは、ゼロというよりマイナスからの出発だったけど、そんな清々《すがすが》しさもあったね。

マイナスをプラスに変える発想力というか、窮地に追い込まれたからこそ立ち上がるしかない状況が生まれた。選手は、俺以外に山本小鉄、北沢幹之《もとゆき》、柴田勝久、木戸修、藤波辰巳《たつみ》（現辰爾）の五人しかいなくて、テレビ局も放送しない。外国人レスラーは、日プロがアメリカのプロモーターに「新日本に一切、選手を出すな」ってお達しを出して、ＮＷＡもそれに協力して「新日本に上がったらＮＷＡは使わない」って圧力をかけたわけ。だから有名な選手を招聘《しょうへい》するルートも断たれた。

余裕なんか何もなかったし、計算があって動いたわけじゃない。ただ、落ち込んでも仕方がなくて前進することだけを考えていた。

アミン大統領戦は、奇想天外だから乗った

俺は、とにかく奇想天外な発想に魅かれてしまうタイプでね。そういう意味で、昭和五四年には、ウガンダのイディ・アミン大統領との試合にも乗っかった。

当時のアミン大統領は、ボクシングのヘビー級チャンピオンにもなった政治家だったが、世界に知られる独裁者で数十万人の国民を大量虐殺し、嘘か本当か、政敵の人肉を食べたとも言われ「人食いアミン」と名付けられていた。

そんな世界の悪役との対戦を、モハメド・アリとの試合でプロモーターだった康芳夫《こうよしお》さんというイベンターが持ってきてね。当時は、そんなバカみたいなアイデアを出す人がいたんだ。誰もが考え付かない奇想天外な試合こそ面白くて、俺は何の計算もなく乗っかった。

勝ったら殺されていたかも

実際、五四年一月に対戦を発表して六月一〇日にウガンダの首都カンパラで対戦することが決まった。ただ、発表してすぐにウガンダで内乱が起きて、試合はご破算になった。

今思うと、本当にやってたら大変なことになっていたと思う。どんな試合になったんだろうか。勝つわけにはいかなかったかも。あるいは勝ったら殺されていたかも。そんな想像をするのも、面白い。

世界統一チャンピオンの夢

International Wrestling Grand Prix、略してＩＷＧＰは当時、世界中にベルトがいっぱいあって、勝手に「俺はチャンピオン」だって名乗るヤツばかりだと権威がなくなるから、それを統一しなければいけないっていう発想で仕掛けた大会だった。

俺たちはＮＷＡから締め出しを食らっていたから、当時のスタッフのアイデアで、それを上回る王座を作るっていう理想で進めた。

昭和五五年一二月に構想を発表して、日本、北米、アフリカ、ヨーロッパ、中南米の各地区の代表がリーグ戦でチャンピオンを決めるっていう形で進めて、五八年の五〜六月に大会を開催したが、アイデアを言うのは簡単だけど実際やるのは大変だった。

決勝戦では俺がハルク・ホーガンに失神ＫＯで負けて、そっちの方でも注目された大会だった。

派手に大きな仕掛けで

昭和六二年の大会で俺が優勝して、タイトルにしたんだけど、今も新日本では使っているらしいね。

別に興味はないけど、やるんだったら派手に大きくやってもらいたいっていう思いはある。具体的に言えば、原点に帰って何十億もかけて世界中のベルトを統一する大会をやるとか。

開催の場所は、どこでもいいんじゃないか。WWEのビンス・マクマホンも一世を風靡《ふうび》したけど、それ以上は伸びていっていない。マクマホンを上回るような仕掛けを考えて欲しい。

どんな選手でも花形にして見せる

IWGPを推進する中、昭和五六年に全日本プロレスの人気外国人だったアブドーラ・ザ・ブッチャーを引き抜いた。ただ、俺は、実際の交渉や中身をよく知らなくて、当時のスタッフが活発に動いていた。

逆に全日本は、こっちの人気選手だったスタン・ハンセンを引き抜いて、「引き抜き合戦」とか言われたけど、俺にとっては、抜かれようが抜かれまいが、どっちだってよかった。行きたいヤツは行けよって思っていた。

興行合戦だからお互いに必死だったんだけど、誰が向こうへ行こうが誰が来ようが、新日本は俺が中心である限り、どんな選手でも花形にして見せてやるっていう自負があった。

すべての試合で客を熱狂させたい

ただ、ブッチャーは俺の好きなタイプじゃなかった。ジャイアント馬場さんとは肌が合ったようだけど、俺は新日本では昭和五七年一月二八日の東京体育館を含めて二回、シングルで対戦したけど、俺の器量ではいい試合にならなかった。

俺は、リング上で勝った負けたは当然だけど、それ以上に自分が汗を出して今日はやってやるぞって魂を伝えて、会場に来ている客を熱狂させて喜んで帰ってもらいたいっていう思いがあった。そのためには、技は全力で相手に叩き込む——これが俺の器量だけど、馬場さんとブッチャーは、技が当たらなくても相手が倒れていた。

楽でいいじゃないかって思うけど、あのころのファンは、よく黙っていたなと思う。

ジャイアント馬場に永遠に勝てない理由

俺が永遠に馬場さんに勝てないだろうと思うのは、気功じゃないけど当たらないで相手が倒れちゃうんだから、これには勝てない。

大したもんだと思うけど、マスコミはみんな知っていてどうして書かないんだろうって思っていた。みんな、ゴマすりばかり。思ったことをベラベラ何でもしゃべるわけにはいかないけど、自分の中にためておくのも嫌なんで、あえて今、問いかけるんだけどね。

テレビ局の争いでもあった引き抜き合戦

他にもタイガー・ジェット・シンが引き抜かれたり、こっちは後にブルーザー・ブロディを抜いたりいろいろあったけど、こういう争いは、テレビ朝日と日本テレビのテレビ局間の戦争でもあった。

昭和五〇年代は、テレ朝が金曜夜八時、日テレが土曜夜八時と、互いにゴールデンタイムで放送していたから、局同士の視聴率争いが激しくてね。

結局、テレ朝の方が視聴率が高くて、日テレは慌ててだしたんだけど、最後はボロボロになってゴールデンタイムを撤退することになった。

引き抜き合戦は、テレビを巻き込んで人間が生きていく中で起きた抗争でもあった。

アントン・ハイセルという壮大な事業

アントン・ハイセルは、昭和五五年に俺が世界の食糧危機とかエネルギー問題を解決したい一心で設立した。

当時、ブラジルは、石油に代わるエネルギーとしてサトウキビからアルコールを作る国家プロジェクトに取り組んでいた。

その時に問題となったのがサトウキビの搾りかすで、俺はこれを基にして牛の飼料に変える事業を開始して、ブラジルに工場を作った。搾りかすというゴミで牛を育て、結果、食糧危機を解決するっていうリサイクルシステム。今ではバイオテクノロジーで当たり前の考え方なんだけど、当時は、理解されなくてね。おまけに、ブラジルは大変なインフレで何十億円っていう借金を抱えることになった。

金は使って、あとは何とかなるさ

プロレスラーでありながら、事業に熱中して借金を抱えたことで外からじゃなくて会社の内部からも批判された。これは俺の性分というか、他人には理解されないところなんだけど、常に金勘定をしない。金についての価値観は、いつも怒られるし、いろんな人に迷惑をかけてきたんだけど、でも、「金は天下の回りもの」だろって。必要だったらとにかく使って、あとは何とかなるさっていう考え方なんだ。

だから、ハイセルやっている時も事業に必死で台所なんか見てなかったし、もっと言えば金は入ってきているもんだと勘違いしていたんだね。

世界に届く事業で成功したかった

師匠の力道山は、マンション、ゴルフ場とかの不動産で実業家としても成功したけど、俺は、師匠とは違う方向でもっと世界が驚くような事業をして成功したかった。

ハイセルの時もそうだったし、その後の永久電池とか俺が事業に乗り出すたびに「また、猪木がホラ吹いている」ってバカにするヤツらはたくさんいるけど、そんなもん関係ない。

これは俺の人生観でね。とにかく何でもいいから世界に届く何かをやりたいっていう思いがある。

金勘定しない俺の挑戦

ハイセルで提唱した食糧危機問題については、最近テレビを見ていたら、どっかの学者が俺が三〇年も前に言っていたことと同じことを力説していた。

それでよく「猪木さん、ハイセルは一〇年早かったですね、今だったらいいのにね」って言われるけど、俺は人生の早漏じゃないよってね。

バイオとか食糧危機、汚染水の問題とかいろんな事業をやってきて、反省点で言えば、結局、金は出したけど、プロレスラーであり国会議員でもあった俺は、特に経理面で実際の現場に立つことはできなかった。だから、人任せになってしまって、その時に俺が任せたことと任された人間たちが描いている絵が違った。それで俺の知らないところで金を私的に使っている人間もいたりしてね。ただ、これは、そういう風にさせた俺も悪いし、ちゃんと帳簿をチェックして金勘定をしないのも悪かった。

だけど今に見てろって。金勘定してないヤツがこれだけ頑張っているって証明してやるよ。

借金だらけのリアリティ

今、俺が好きな映画は竹内力さんが主演の『難波金融伝・ミナミの帝王』シリーズなんだ。金を借りた人間が返せなくて必死になって逃げる。それを竹内力さんが演じる萬田銀次郎っていう取り立て屋が追いかけていくっていうストーリーで、何か俺も分かる部分がある。

何かの会に竹内さんが来てくれたことがあって、それからこの映画を見たら結構はまって、今も見ている。

世の中は、すべて自分でまいた種からいろんなことが起きるわけで、借金なんてまさにその最たるものなんだけど、あの映画は、借金だらけになるその裏側に仕組まれた部分があってね。しかも法律の範囲内で巧みに陥れていくんだけど、俺の周りにも、金をいくら稼いだっていうのが価値観になっている人間がいて、そのままどこか遠くへ行っちゃった人はやまほど知っている。だからこの映画は、そんなリアルなところも面白い。

金持ちも貧乏人も死ぬ時は裸じゃん

今は、お金がすべてってていう時代になって、それは世の中の常識だからしょうがないけど、俺がいつも思っているのが、金持ちも貧乏人も結局、死ぬ時は裸じゃんって。こんなことを書くと、今の世の中では「とんでもない、あの野郎は」って言われるかもしれないけど、それは俺の考えだから今さら変えることはできないんだ。

人間は立場によって変わってしまうことがある

アントン・ハイセルの問題があって、新日本の内部で会社の経営に不信感を持つ連中が出てきて、昭和五八年八月二五日の取締役会で俺は社長を降ろされた。副社長の坂口征二も降格になって、後に「クーデター事件」って書かれたんだけど、あの事件で俺が知ったことは、人は立場によってこんなに変わるものなのかってこと。

亡くなってしまったから悪く言いたくはないけど、俺の後に社長に就いた山本小鉄は、社長になった途端に態度がガラッと変わってね。

会社のトップである社長になるのなら、そこにその人なりの理想がないといけないと思う。ただ、社長になることだけが目的だったらトップに立つなってていうことでね。

社長を降ろされた時の寂しさ

わずか三か月後の一一月に取締役会と株主総会をしてまた俺が社長に戻った。降ろされた時は、社長という肩書に未練はなかったけど、正直、いざ辞めてみると一瞬だけど寂しさはあった。

この事件で俺が新日本の金をハイセルに引っ張ったって言われているけど、それはない。俺が所有していた野毛の道場を担保にして新日本から借金をしたっていうのが本当でね。

それで返済する時に、テレビ朝日から入った役員に指導されて借金を相殺する目的でそのまま道場を新日本へ売却したんだけど、その売買で多額の税金がかかった。これでまた、借金が膨らんでしまうという大変な目にあった。

梶原一騎による監禁事件

昭和五七年に大阪のロイヤルホテルでタイガーマスクの原作者の梶原一騎に呼び出されてね。そのいきさつを話すと、ホテルに帰ったら若い衆が俺のところに来て「お前のところの新間《しんま》をあずかっているからな」って、当時、専務だった新間寿《ひさし》を監禁しているって言うから、その部屋へ行ったら梶原が若い衆に「チャカ持ってこい」なんて言って、俺を脅してね。

その時、俺は「チャカ」って何か分からなかったんだけど、ピストルのことなんだよね。何を怒っているのかも分からないし、そのまいても仕方がないから、しばらくして新間に「帰るからな」って部屋を出た。後ろから襲われたらしょうがないって思って部屋を出たけど、結局は来なかったね。

後から聞くと、タイガーマスクの使用料を払っていないとかで梶原が怒っていたらしいんだけど、その時はなんでそうなったのか分からなかった。

不摂生から糖尿病に

これは俺自身の体の問題なんだけど、俺のレスラー人生の中で当時のファンは知らなかったもうひとつの闘いだった。

昭和五七年は、体がだるくてだるくて、原因不明の体調不良が続いてどうにもならなくなって、新日本を設立してから初めて長期欠場に追い込まれた。

夏に韓国の済州島で名誉市民の表彰を受けた時、現地で風邪をひいてしまって、帰国してからもなかなか治らなくてね。病院へ行って血糖値を測ったら数値が五九〇（mg／dℓ）

だった。正常値の一一〇未満を遥かに超える数値で、即入院となったわけ。

そこで糖尿病が発覚して体調不良の原因が分かったんだ。付き合いもあったけど、酒は大量に飲むわ、飯も腹いっぱい食って不摂生が続いていたから、自業自得でしょうがない。

入院した時は胃袋が大きくなっていたから、検査ばかりで、腹が減って辛かったね。

インスリンに頼らず自力で克服

夜になると病室でやることがないから、階段の上り下りをひたすらやっていると、血糖値がだんだん下がってきて、医者も「これなら何とかなりそうですね」って退院することになった。

それからは、食事の時は、胃袋が大きくなっているから、キャベツ半分を刻んだのを食べて腹を満たしてから飯を食うようにした。あと夜は必ず飯を食った後に一時間ぐらい散歩して、インスリンを使わないで自力で血糖値を下げた。

糖尿病で節制の大切さを学んだ

他に数値を下げるために発見したことは、氷風呂に入ると一気に五〇ぐらい血糖値が下がることが分かってね。今は血糖値を測るいい機器があるけど、昔は小便を紙にひたして、それで色が出たら糖が出てるということだったから、紙の色が変わると、屈伸運動をやって氷風呂に入って必死に数値を抑えた。ただ、氷風呂には、心を決めないと入れなくてね。これも修業だと思って勇気出して入っていたね。

糖尿病と闘っているうちに、自分で体調が分かるようになったことはよかった。あとは、自己コントロールもできるようになって暴飲暴食はしない。節制の大切さを学んだ。

厳しい時は余計なことは言わない

昭和五九年九月に長州力たちレスラーが大量離脱して、翌年から全日本プロレスへ参戦したことがあった。

結局、長州、アニマル浜口、小林邦昭ら選手が一三人離脱して、その前に辞めていた営業スタッフとジャパンプロレスっていう新団体を作って、新日本は旗揚げ以来、最大の危機って言われてね。

その時に俺はインタビューで「これで大掃除ができた」みたいなことを言ったんだけど、これを聞いたお世話になっていたある社長に「猪木さん、そういうことを言うもんじゃない」って怒られたことがあった。

俺は、いつもその時その時の感情で動くから、あの時も選手が大量に離れても会社をしっかり動かさないといけないという必死な思いで、離脱した長州たちに甘っちょろいことなんか言えるかっていう感情で、「大掃除」って表現の仕方になってしまった。

後から聞いた話で、俺の発言を聞いて長州は激怒したらしいんだけど、考えてみると確かに、その社長の言う通りで、厳しい状況に追い込まれた時ほど、余計なことを言っちゃいけないって思ったね。

熱いから、暴動も起こった

蔵前国技館（昭和五九年六月一四日）、大阪城ホール（昭和六二年三月二六日）、両国国技館（昭和六二年一二月二七日）で俺の試合後に客が暴動を起こして、会場を壊して弁償したことがあった。こっちは、暴動を起こそうと思ってやってなんかないし、そんなことになるとは予想もしてないから、まさにハプニングだった。

思えば、みんな熱かったたっていうことでしょう。ただでさえ、カッカと熱く燃え上がっているところに、俺が油を注いでいるようなもんで、それは怒るよなって思う。

いくつかの暴動の中でも昭和六二年一二月二七日の両国国技館での試合の時は、ビートたけしさんが「たけしプロレス軍団（ＴＰＧ）」っていうのを作って、俺に挑戦してきた。

マサ斎藤がスカウトしたビッグバン・ベイダーを彼らが連れてきて、当初は、藤波辰巳が対戦する予定だった。だけど、藤波が土壇場でビビって、ベイダーに相手がいなくなってね。俺は、長州力との試合が決まっていたんだけど、じゃあ、俺がベイダーと「やってやるよ」って言って何の準備もしないで当日を迎えた。

リング上にたけしさんたちが登場してベイダーとの対戦をアピールしたんだけど、これに客が激怒して、俺は長州、ベイダーと二連戦をやることになってね。

相当強烈なパワースラムを食らってベイダーに負けて、暴動が起きた。館内を壊してしまって、相撲協会に怒られてしばらく国技館が使用できなくなった。

ノリがよかったビートたけし

どうして、たけしさんがリングに上がったのか、交渉はどう進んだのかは記憶にないけど、あの時は、たけしさんも大変な時で、前の年の昭和六一年一二月に講談社の「フライデー」を襲撃する事件を起こして、その後有罪判決を受けて謹慎を余儀なくされた。社会的制裁を受けた時期ということもあったんじゃないのかな。

ただ、彼は、ノリがよかったね。いろいろなアイデアを持っていたかもしれないけど、あの暴動でビビっちゃって、リングに上がったのは一回きりに終わった。

世界をひっくり返してやる

平成元年四月二四日、プロレス界初の東京ドームでの興行で、世界で初めてソ連（現ロシア）の選手が参戦した。

ソ連については、昭和六三年九月に台湾へ遠征した時にある新聞記者から「ソ連のアマレスの選手がプロレスに興味を持っている」って聞いて、すぐにこれは面白いって直感した。

当時のソ連は、社会主義が経済的に限界を迎えて、昭和六〇年三月に共産党書記長になったミハエル・ゴルバチョフがペレストロイカ（改革）を進めてね。長きにわたったアメリカとか西側諸国との冷戦を終結させ、体制が変わっていく真っただ中だった。

ペレストロイカの波は、スポーツ界にも及んでボクシングとかのプロ化を推進していて、俺の生きる糧はいつも「世界をひっくり返してやる」って思いだから、ソ連初のプロレスラー誕生って、こんな魅力的なことは他にないわけで、実現させて世界中を驚かせてやるっていう一心で動き出した。

ただ、交渉をしようにもまったく伝手《つて》がない鉄のカーテンで、どうにもならなかった時に日本人で初のサンボ選手だったビクトル古賀さんの兄を紹介されて、この人がソ連側との交渉の窓を開いてくれた。今思えば、この人はＫＧＢ（ソ連国家保安委員会）だったんじゃないのっていう気もするんだけど、そんなことは気にもならなかったし、いろんなルートを使って向こうの要人を紹介してくれて、お世話になった。

すぐにマサ斎藤とスタッフを先発でモスクワへ行かせて、向こうのレスリングの選手にプロレスとは何かを教えてね。最初は、俺が意図したところとは違った指導だったかもしれないけど、すぐに俺もモスクワへ飛んで選手への指導と、直接、交渉に乗り込んだ。

ダメなら仕方がないと腹をくくることが重要

交渉は、クレムリンに三回も呼ばれたり、途中まで順調だったんだけど、試合の一か月前になって相手側が金の条件を引き上げてきて暗礁《あんしょう》に乗り上げてね。

ある時なんか、元共産党の書記長だったブレジネフの息子とかいういい加減な野郎が、何の関係もないのに俺たちを環境会議みたいなのに呼んでね。当時、日本大使館に外務省の官僚だった、今は作家として活躍してる佐藤優《まさる》くんがいて、彼が全部通訳してくれて、俺がその会議へ行くと、このブレジネフの息子が、ロシア語が分かる人間がいないと思って「なんだ、日本人のこんなデカイのは」ってバカにしたようなことを言ってね。そんな感じで一事が万事、足元を見られた。

最後の最後にモスクワ民警のトップで内務省で次官を務めていたバカーチンっていう要人が出てきてね。彼は凄い権力を持っていて、最終交渉することになった。

俺は、交渉事もリング上と同じで一瞬一瞬が勝負だと思っているから、「お前ら俺に難題を押っ付けるなら命がけだぞ」っていう覚悟で挑んだ。

別に相手に好かれようとか好かれまいとか関係ない。今、俺は何の目的で何のために相手と会っているのかっていうことを自分の中でハッキリさせて、とにかく言いたいことを本音で言う。それでダメならしょうがねぇよってね。

その思いが通じたのか、俺のあけっぴろげなキャラクターが奏功したのか、バカーチンも約束を守ってくれて、ソ連初のプロレスラーが誕生することになった。

そこからは、友好的な関係を結んで、今は俺の印象だと、アメリカ人よりロシア人の方が、一度信頼関係を結んだら裏切らないっていう気質はあると思う。

プロレス初の東京ドーム興行

ソ連からはレスリングの世界選手権で百キロ超級で四度優勝したサルマン・ハシミコフら五人が参戦することになった。

会場は、俺の独断で東京ドームに決めた。日本で初めてのドーム球場となった東京ドームは、昭和六三年三月にこけら落としとなって、プロレス界では、どこも興行をやっていなかった。

俺の中では、ソ連初のプロレスラー参戦は、プロレス、スポーツとかの枠を超えてペレストロイカでソ連が変わったことを象徴する歴史的なイベントで、今までとは違う情報発信力があると思った。それにふさわしい会場は、ドームしかないって即決だった。

前にも書いたけど、興行の鉄則は、環状線の向こう側にいる人たちをどれだけ巻き込むかっていうことで、言ってみれば環状線の内側はプロレスファン。この人たちは、俺たちが何をやっても見に来てくれる。そうなると、どうやって環状線の外側にいる関心のない人を振り向かせるかっていうことを考えないといけない。

この時はソ連初のプロレスラーという情報発信と、もうひとつ強いメッセージが必要だった。それにはプロレス界初のドーム興行しかない。

当時は、テレビもゴールデンタイムから撤退して、興行的にも厳しくて会社の中ではしり込みした社員もいて反対もあったけど、営業マンに元気なのがいてくれて、頑張ってくれた。

結果は、主催者発表で五万三千八百人で、本当によく入ったと思う。

相手が優位な状況を作る器量も必要

俺は、初めての東京ドームのメインで、柔道のミュンヘン五輪金メダルのショータ・チョチョシビリと「プロレス対柔道」の異種格闘技戦で対戦した。チョチョシビリは、当時、ソ連の共和国だったグルジア共和国（現ジョージア）の出身で、さすが柔道で世界を制覇しただけあって、かつて闘ったウィレム・ルスカの投げも凄かったけど、あいつの投げは、それ以上に大したものだった。

結果は、五ラウンドで裏投げの連発を食らってKO負けだった。これが昭和五一年二月六日のルスカ戦から始まった異種格闘技戦で初めての敗北だった。

この試合は、リングのロープを外して、形も特別に円形に変えて闘った。

俺にとっては、四角いリングでロープがあった方がいいに決まっているんだけど、円形にすれば、チョチョシビリに優位になるでしょ。俺はロープもあった方がいいけど、相手はお客さんだから、優位になる状況を作る器量も必要ってことでね。

この試合で思い出すのは、勝利者賞に一億円のスポーツカーが贈呈されることが決まっていてね。多分、スポンサーは俺が勝つことを想定して出したと思うんだけど、俺はあんな車をもらってもしょうがねぇなって思って勝っても乗らねぇよって思ってたんだけど、勝ったチョチョシビリはこの車に大喜びしてね。

ところが、彼は、この車をトヨタのランドクルーザーみたいなタイプの車に変えてくれって頼んできて、それで三台ぐらい渡したね。

いつも、こんなふざけた話ばっかりだけど、気になるのはあの一億円の車。あれはいったいどこに行ったんだろう……。

力道山の思いを故郷に届けたい

平成七年四月二九、三〇日に北朝鮮で初めてプロレスの大会を実行した。

イベントは「平和のための平壌国際体育・文化祝典」で、首都平壌の綾羅島《ルンラド》メーデースタジアムで開催した。

これは、俺が最初に参院議員になった時で、発想は師匠・力道山の思いを祖国に届けたいっていうことが原点だった。

俺は力道山が北朝鮮で生まれたことを知らなくて、亡くなって随分経ってから、師匠の秘書だった人が書いた本で分かって、亡き師匠が命をかけたプロレスを祖国の人たちに見てもらいたいっていう考えが浮かんできた。

朝鮮総連を訪問して、北朝鮮へ行く許可をもらって平成六年七月八日に向かったんだけど、経由地の北京でキャンセルになってね。聞けば、金日成国家主席が亡くなって、迎えることができないということだった。それは国家の一大事だからと納得して帰国した。訪問は難しいかなと思っていたんだけど、それでも二か月後の九月に招待されて、初めて北朝鮮に足を踏み入れた。

その時に向こうの政府の要人と会談して、俺が「本当のプロレスを見たことがないでしょ？　プロレスをこの国でやりましょう」って提案すると、向こうもすぐに乗ってきてね。

金日成主席の妻の実弟で朝鮮アジア太平洋平和委員長だった金容淳《キムヨンスン》さんっていう大物と会うことができて、滞在中の一週間で実行委員会を作って翌年の四月にイベントを開催することが決まった。

一九万人の歓声が波のように押し寄せる

イベントは金容淳さんが委員長の「朝鮮アジア太平洋平和委員会」と新日本プロレスの共催。あとは当時、新日本が提携していたアメリカのプロレス団体「ＷＣＷ」が協力してくれた。

大会は二九、三〇日と行われ、二日間で三八万人が動員されて、初めてマスゲームを見た時は、これは北朝鮮の体制がいいとか悪いとかを超越して、素直に「人間はここまでひとつになれるものなのか」って感動して涙が出てきた。

俺は、最終日のメインイベントでリック・フレアーと初めて対戦した。対戦相手にフレアーを選んだのは、当時、ＷＣＷのチャンピオンだったからで、初めてプロレスを見る北朝鮮の国民にとって「日米決戦」というのが一番分かりやすい試合だろうと考えたからだ。

俺もそれまで世界中で試合をしてきたが、一九万人の前でリングに立つのはもちろん初めてで、普通なら歓声は、ドーンっていう感じで背中に感じるんだけど、あの時はまるで波が押し寄せるようにザァーっていう感覚で背中に襲ってきて、かつてない体験をさせてもらった。

あの試合は、ある意味で俺の引退試合のつもりで上がっていた。だからガウンも北朝鮮に置いてきてね。今も向こうに飾ってある。

その三日後の五月三日に福岡ドームで試合があって四万八千人（主催者発表）が入って満員だったけど、一九万人の直後だったから「なんて客が少ないんだろう」って思った。

そんなことも今、思い出すね。

第3章 闘魂の記憶

ビル・ロビンソンとの伝説的な試合を終えて。
中央はレフェリーのレッドシューズ・ドゥーガン
（写真＝山内猛）

三八年間のプロレス人生で様々な試合に挑んできた。この章では、今も記憶に残る闘いの歴史を振り返りたい。

ジョニー・バレンタイン戦
「燃える闘魂」のスタート

――昭和四一年一〇月一二日、蔵前国技館。時間無制限一本勝負

東京プロレスの旗揚げ戦でバレンタインと闘ったが、この試合は映像が残っていない。とにかく、俺もバレンタインもお互いを激しく殴り合った闘いで、試合が終わった後に俺の手の爪が半分浮くほど、激しい打撃戦だった。

試合はリングアウトで勝ったんだけど、思い出すのは試合後、座布団が館内を舞った光景だった。それぐらい観客も興奮していた。

この時、俺は二三歳。昭和三九年三月にアメリカへ海外修業に出て以来、二年七か月ぶりの日本での試合だった。日本プロレスでデビューして、若手のころはどちらかというとテクニシャンタイプというか、技のキレとかシャープな動きが評価されてきたんだけど、この試合で、それまでになかった感情をむき出しにする激しさが認められたと思う。

そういう意味で「燃える闘魂」アントニオ猪木のスタートになった一戦だった。

ドリー・ファンク・ジュニア戦
プロレス生涯で最高の試合

――昭和四四年一二月二日、大阪府立体育館。ＮＷＡ世界ヘビー級選手権六〇分三本勝負

俺にとってプロレスラーとしての節目となったのがこの試合だ。

ドリーはこの年の二月にジン・キニスキーを破ってＮＷＡチャンピオンとなり、俺と対戦した時が二八歳で初来日だった。

スマートでシャープなレスリングは、相当、手ごわかったし、今みたいに照明がよくないから、冬なのにリングが鉄板を焼いたみたいに熱くて大変だった。

他にも試合の二日前に左手の薬指を骨折してコンディションが悪く、必死で食らいついていった思い出がある。

この試合は、俺とドリーの勝った方が翌日、東京でジャイアント馬場さんと闘うことになっていた。結果、俺は一本も取られることのない引き分けで、ドリーが馬場さんと闘い、その試合も同じ六〇分三本勝負で一対一の時間切れ引き分けに終わった。

当時は馬場さんに負けたくないと張り合っている時期で、テレビ中継もこの年の七月から日本テレビに加えてＮＥＴ（現テレビ朝日）でも始まった。馬場さんは日本テレビ、俺の試合はＮＥＴが中継することになったから、余計に負けてたまるかっていう思いが強く

なった。

いわば馬場さんと比較される条件がそろった中で、結果は、俺の試合が評価されて「アントニオ猪木」がより大きなステップを踏んだ節目となった。

「ベストバウトは何か？」って訊かれると、真っ先に思い浮かぶのがこのドリーとの試合になるな。

カール・ゴッチ戦
世間と闘うストロングスタイル

――昭和四七年三月六日、大田区体育館。時間無制限一本勝負

新日本プロレスの旗揚げ戦で対戦したのがゴッチさんだった。

正直言えば、相手はゴッチさんしかいなかったというのが本当のところで、日本プロレスから追放された俺に対して、NWAを中心に外国人の招聘《しょうへい》ルートはすべて妨害されて、名前のある選手は誰も呼べない状況だった。ただ、俺の中には今までのプロレスとは違うストロングスタイルを見せたいという信念があったから、じゃあ、そのスタイルができる選手で、NWAの枠から外れていたレスラーはというと、ゴッチさんしかいなかった。今もゴッチさんには参戦してくれたことに感謝している。

試合は、ゴッチさんのリバーススープレックスで負けたけど、記念すべき旗揚げ戦で敗

れることは、世間のプロレスへの概念、考え方、勝敗は決まっているっていうイメージ全部と闘った結果だった。

ストロング小林戦
「プロレスはそんなもんじゃねえ」という問いかけ

——昭和四九年三月一九日、蔵前国技館。NWF世界ヘビー級選手権九〇分一本勝負

国際プロレスのエースだった小林との対戦は、当時の新日本には優秀なスタッフがいて、彼らが東奔西走してくれて実現した。

力道山×木村政彦戦以来の日本人大物対決と騒がれたけど、俺の中では、そこまで大げさには考えていなかったし、試合は、俺の手の中に小林を載っけられるか、どうか。遠慮しないで来いよっていう勝負だった。

小林が後に「あの試合が最高の思い出」と言ってくれたのを読んだことがある。俺の、「プロレスは、そんなもんじゃねぇだろ」っていうこだわりが通じていたのかなと思って嬉しくなった。

今、小林も体調が悪いみたいだけど、もしできれば会ってお互いに元気に過ごそうやって声をかけたいね。

大木金太郎戦

共に芸術を描いた試合

——昭和四九年一〇月一〇日、蔵前国技館。NWF世界ヘビー級選手権時間無制限一本勝負

こんな表現をしたら大木さんに悪いけど、ズバリ、俺の手の中に大木さんを載っけた試合だった。

大木さんはデビュー戦の相手で、俺が入門した当時、若手選手の中では道場で一番強かった。大木さんは韓国から密入国してきた韓国人で、力道山に頼んで日本プロレスに入門した。俺は当時、そういうバックグラウンドを知らなくて、入門したころ人形町にあった道場の近くの映画館へ一緒に行った時、俺の手を握って「私、韓国人。あなたブラジル人。一緒に頑張りましょう」って言われたことを思い出すね。

ただ、この試合が決まった時点ではそんな感傷は一切なかった。大木さんは、俺を追放した日本プロレスがこの試合の前年の四八年に崩壊して行き場がなくなって俺に挑戦してきたんだけど、あんな体が硬い人とはやりづらくて対戦するのは嫌でね。当時、みんな嫌がっていたんじゃないかな。

試合は、大木さんの頭突きを俺が真正面から何発も受け止めて、最後はナックルパートからのバックドロップで倒した。試合後、お互いに涙を流して抱き合ったのは覚えている

けど、あの涙は何だったのか。今も自分でも答えは分からない。

プロレスは、スポーツや格闘技には違いないんだけど、芸術という要素があると思う。そんな芸術、人間ドラマみたいなものを大木さんと描いたという感慨が湧き起こった涙だったのかもしれない。

ビル・ロビンソン戦
妨害をバネにした名勝負

——昭和五〇年一二月一一日、蔵前国技館。NWF世界ヘビー級選手権六〇分三本勝負

この試合と同じ日に、日本武道館で「力道山一三回忌追善特別大試合」という興行が行われて、これは遺族の百田家が主催で、全日本プロレスと国際プロレスが協力した大会だったんだけど、俺にも裏世界が絡んできて「協力しろ。父親の一三回忌に出ないのはおかしいだろ」って脅かされて大変だった。

もともと、この日に蔵前を押さえていたから変えるわけにもいかなかったんだけど、向こう側にはヤバイのがいっぱいくっ付いていて、今だから言えるけど、一三回忌の追善に関しては、全部向こうに仕切られてね。昭和の昔は、見えないところでそういうことがあった。

俺たちが興行をするかしないかはすべて俺たち次第だから、「この野郎、そうはいかな

いぞ」って、すべてを発奮材料にしてね。

別に俺は、いつも怒っているわけじゃなくて、そこには理由があった。

当日、俺は、最高の試合をやることが師匠への最高の供養だと腹をくくってロビンソンと闘った。ロビンソンは、英国出身でカール・ゴッチさんと同じようなストロングスタイルの流れを受け継いだ、正統派のレスリングが得意という印象だった。試合は、先にロビンソンに一本取られて、残り一分を切った時に卍固めでギブアップを奪って一対一の時間切れ引き分けになった。

この試合は名勝負として伝説化されてるし、俺も確かに手ごたえはあったんだけど、ロビンソンがどんなイメージの選手だったかと言えば、不思議なことに、それほど印象には残ってないというのが正直なところなんだ。

当時は様々な妨害や批判を受けた同日興行だったけど、俺は間違ったことはしていなかったと思う。

どちらの試合が今も語り継がれているのか。それが答えだろう。

モハメド・アリ戦

怖いものなしのパワー

——昭和五一年六月二六日、日本武道館。異種格闘技戦三分一五ラウンドアリ戦は、プロレスに対する世間の差別、偏見への挑戦という意味合いがあった。昭和二九年に力道山が本格的にこの国でプロレス興行をスタートさせた時にはそんなことはなかったけど、ある時からプロレスは差別されるようになり、一般紙は報じなくなった。スポーツ紙も東京スポーツ以外は掲載しない時代があって、朝日新聞なんか「プロレスごとき」みたいな書き方をしてね。

だから俺が勝負する相手は、当時は、相撲であり野球であり、力道山の遺伝子を勝手に継いだと思えば、他のジャンル以上のプロレスでなくちゃいけないっていう意識があった。だからこそ、偏見に対して、俺の中に沸々と「今に見てろ」っていう思いがあったんだ。

そんな時にアリが東洋の格闘家の挑戦を受けるっていう新聞記事を見て、「これだ！」って飛びついたんだけど、今振り返ると怖いものなしというか、若さのパワーなのかと思う。これぞまさに「元気があれば何でもできる猪木力」ってことだった。

ファイトマネーは一千万ドル（約三〇億円）とか、試合前日もルール問題でもめて、アリ陣営が帰ると言い出して、スタッフに俺は「何でも飲んでやれ」って指示した。こっちにとって一番のダメージは、アリにリングに上がらないでアメリカへ帰られることだったからね。

悪口を書きたいヤツは山ほどいたわけだから、アリが帰ってしまえば、「ほらぁ、ざまぁみろ」って言われるのが、目に見えていた。俺自身、「とにかくリングに上げれば、どんな形でも料理して片づけてやる」っていう自信があった。

試合は、最初の蹴りで仕留めるつもりだった。ゴングが鳴って、ヤツの左足をめがけて蹴りにいったんだけど、それが空振りした。仕留められなかった。それは俺の中での誤算だったけど、アリもあれだけの蹴りを受け続けながら立っていたから、さすがボクシングの世界チャンピオンは違うなって感じた。

瞬間の一言で立ち直る

試合は引き分けになって、多くのマスコミから「世紀の凡戦」ってぶっ叩かれてね。挫《ざ》折《せつ》感を味わった時にひとつだけ救われたのが、試合の翌朝、家を出て通りを歩いていた時にタクシーの運転手さんが「いやぁ、ご苦労さん」って声をかけてくれて、その何気ない一言にもの凄く勇気づけられた。人生において持って生まれた運とか挫折とかあるけど、瞬間、瞬間の一言で立ち上がる勇気をもらえることをあの時に実感した。

やることに意義あり

アリ戦は、単なる勝ち負けの勝負だけじゃなくて、自分の人生観を変えた。

それは、試合直後に国内では散々酷評されたんだけど、逆に世界へ向かって「アントニオ猪木」の名前が一気に広がった。そのおかげで政治家になってからもどれだけ助けられたか分からない。

評価されたいという思いは誰もが持っているんだけど、逆に評価されないことによって評価されるということもあるのだと学んだ。

人生で大切なのは、「やることに意義あり」だと思う。

「評価されることに意義あり」って言うかもしれないけど、そうじゃない、「やることの意義」っていうものがあるんだ。

アクラム・ペールワン戦
強ければ尊敬してくれる世界

――昭和五一年一二月一二日、パキスタン・カラチナショナルスタジアム。五分六ラウンド

アリと闘ったことで、パキスタンからアクラム・ペールワンという国家的英雄からの挑戦を受けた。

これは嬉しかった。なぜなら、それまで俺とはまったく縁もゆかりもないパキスタンという国で評価してくれる人がいるんだっていう思いは、アリ戦後の挫折感があった俺の支えになった。

だから喜んで、パキスタンへ行って挑戦を受けた。ただ、ルールが決まらなくて、そのままリングに上がって、殺し合いみたいな試合になってしまった。

結果は、俺が相手の腕を折って勝った。国の英雄を叩きのめしたので、観客が殺気だって、そのまま俺は殺されてもおかしくないようなムードだったんだけど、不思議なことが起きた。パキスタンはイスラム教徒が多い国で、俺がリング上で何気なく両手をあげたら、アラーの神じゃないんだけど、スーッと静まったんだ。

翌朝になると、泊まっているホテルにファンが殺到してね。どんな結果になろうと、強ければ尊敬してくれることを教えられた。同時にアントニオ猪木という名前が世界的に売れたことを実感した。

グレート・アントニオ戦
会場の笑いを断ち切った「猪木イズム」

——昭和五二年一二月八日、蔵前国技館。時間無制限一本勝負

アントニオは、昭和三六年五月に初来日して、神宮外苑でバス三台を引っ張るデモンストレーションで当時、話題を呼んで、この時は一六年ぶりの再来日だった。

俺はわずか三分四九秒で一方的に顔面へ蹴りを入れてKOした。

試合が始まって客席から笑いが起きてね。あそこで倒したのは、あんなバカとやって時

間をもたせたら、俺自身がえらいことになると思ったからだ。

俺は、来ている客は勝負を見に来て興奮して喜んでいると思っている。笑わせるショーを見に来ているわけじゃない。リングは、見ている側の意識がこうだって思いこむと色が決まることがある。あの時、笑いが起きた会場で俺がその笑いの中に染まってしまう危険があった。

だから、俺のプロレスは、こういうもんじゃないっていうことを見せなくてはいけなかった。そこに闘いがあると俺は思っている。

あの時は批判も浴びたが、振り返るとそういう「猪木イズム」を結果的にファンに浸透させることになったと考えている。

アントニオ猪木、ジャイアント馬場 対 タイガー・ジェット・シン、アブドーラ・ザ・ブッチャー戦
面白くない条件を面白く

――昭和五四年八月二六日、日本武道館。プロレス夢のオールスター戦。タッグマッチ時間無制限一本勝負

東京スポーツの創刊二〇周年を記念したイベントで、新日本、全日本、国際の三団体が参加し、俺はメインでジャイアント馬場さんと組んでシン、ブッチャーと対戦した。

馬場さんとは日本プロレスを離れてから約八年ぶりのタッグ結成だったんだけど、こっ

ちは、何かハプニングがあったら面白いじゃん、面白かったらいいじゃんっていう感覚なのに、試合までの間に、あれはダメ、これはダメって本当にうるさくてね。了見が狭いなって思って当日を迎えた。結局は、向こうの言い分を通したと思う。

試合は俺がシンをフォールして勝ったんだけど、その後に、マイクを持って馬場さんに対戦をアピールした。向こうは「やろう」とか言ったと思うけど、初めからやる気はない。最初からやる気がないんだから、せめてマイクでそうでも言わないとしょうがねぇなって。お互いに黙って、はい、はいって握手して帰ったってファンは喜ばない。ただ、それも別に計算したわけじゃなくて、その瞬間瞬間の勝負でひらめいて体が動いただけなんだけどね。

これが俺と馬場さんの最後のタッグになった。

ウィリー・ウイリアムス戦
プロレスVS極真空手

——昭和五五年二月二七日、蔵前国技館。WWF格闘技世界ヘビー級選手権三分一五ラウンド

新日本プロレスと極真空手という対立構造が興行的に面白いと思って実現した試合だった。

試合まで極真と新日本の間で挑発合戦を繰り返して、互いにカッカしていたけど、俺は

そうでもなかった。俺はプロレス一本でやってきたからあまり他の格闘技には興味なくて、極真と言われてもあまりピンと来なかったんだ。

大山倍達《ますたつ》総裁とは、お会いして話をした。一流の空手家でありながら、極真をあれだけ広げたという意味では、どこか興行師でもある俺と似ているところがある人だな、と感じた。

ウィリーは、梶原一騎が極真をテーマにした映画『地上最強のカラテPART2』でグリズリーとの闘いを見せて「熊殺し」っていう異名を取ってスポットライトを浴びることになったんだけど、本人の実力はもちろん、映画、マンガ、テレビ、雑誌を連動させた梶原一騎の売り方がズバリはまった。

試合は、両者リングアウトで決着がつかず、延長になって四ラウンドで両者ドクターストップで終わったんだけど、随分、時間が経ってから、何かのテレビでウィリーが幼稚園のバスの運転手をやっている姿を見た。その時に自分の名前が知られたのは「猪木のおかげ」って言っていた。

令和元年六月七日に心臓病で亡くなったとの訃報を聞いて、とても残念に思っている。

ハルク・ホーガン戦
失神KO負けの屈辱はなかった

——昭和五八年六月二日、蔵前国技館。IWGP優勝戦時間無制限一本勝負

ホーガンのアックスボンバーを食らって俺が失神KO負けしたんだけど、あの瞬間は、「来い。受けてやろうぜ」っていう感じだった。

それがアクシデントになって救急車で運ばれて、幸い病院に行く途中に意識は戻ったんだけど、そのまま入院することになってね。

俺の入院は、ニュース番組や一般紙も報じた。あれから半年ぐらい言語障害が残って困ったことは覚えている。政治に出ようと思った時、言葉のキレが悪くて困ったなって思って、古舘伊知郎君に「ラレリルレロラロ」とか発音の練習を教わったことがある。

世界中のベルトを統一しようという趣旨で仕掛けたIWGPというイベントの優勝戦で、失神KOという結果になったんだけど、負けたリスクを考えたことはないし屈辱もない。

この試合は、いろんな人がいろんな見方をするけど、俺の人生をそういう周りのみなさんが難しく考えることがあるけど、当の俺自身は、いつも「ただ、ただ、客を喜ばせたい、驚かせたい」っていう感じだけなんだ。

ホーガンは、この試合をきっかけに飛躍したと思う。ニューヨークでビンス・マクマホ

ンに見いだされてアメリカンヒーローにまで駆け上がったけど、昭和五五年、最初に日本へ来た時は、でくの坊もいいとこで何も知らなかった。フロリダでヒロ・マツダさんがコーチして、グラウンドテクニックは形だけは知ってやっていたけど、実際、関節のどこを触れば極《き》まるかとか、全然分かってなかった。

そういうところを俺と対戦、またはタッグを組むことで盗んだかどうかは分からない。ただ、マクマホンと出会ったことがよかったと思う。

マクマホンは、好き嫌いは別にして、俺から見ればあんなプロレスは「冗談じゃないよ」っていう思いはあるけど、俺とはまったく違う時代を作ったから大したものだ。価値観は違っても認めるところは認めないといけない。

ホーガンは彼とめぐり合ったことで人生が変わった。

マサ斎藤戦
自分を武蔵に重ねた無観客試合

——昭和六二年一〇月四日、巌流島。時間無制限

当時、テレビ局が世代交代を考えていて、俺の時代から長州力、藤波辰爾たちの世代へ主役を変えようとなった時期でね。

実際、当時は視聴率も落ちてきて、ファンも離れていくのを感じていた時期だった。そ

んな中で俺は「見たくないヤツは見るな」みたいな強がっている部分があったし、私生活では倍賞美津子と離婚の話し合いをしている真っ最中で、いろんなものが重なって、何が何だか分からないっていう時にひらめいたのが、巌流島《がんりゅうじま》で試合をやろうっていう発想だった。

世代交代を進めようとするテレビ局の流れに「まだまだお前らには負けねぇ」って俺の中に火が付いてね。こっちは興行師だから、意表をつく意味もあった。こういうアイデアは、テレビ局のヤツらには分からない領域でね。宮本武蔵と佐々木小次郎の決闘の再現だから、観客なんか必要ないわけで、テレビ局も撮りたければ勝手に撮ってろっていう心境だった。

選ぶ相手は、マサしかいなかった。理由は、簡単で、こんなバカなことをやるヤツは、マサ以外、他にいないからで、マサの返事に「NO」はなかったよ。ただ、彼もどんな試合をやるのか、俺が何をやろうとしているのか本当のところは分からなかったと思う。

要するに俺は、世間をビックリさせてざまぁみろって言うのが思惑で、これは、微妙な部分があって説明が難しいんだけど、アリ戦もしかりで、この俺の中の興行師的発想である「ざまぁみろ」がいつも頭についていてね。試合は、ゴールデンタイムで中継して、同じ番組内で藤波と長州の試合も中継したんだけど、視聴率は俺の方が高い結果が出て、これも「ざまぁみろ」ってね。

ただ、そこに行くまで、試合には命をかけるぐらいの覚悟で挑んだ。船で島に渡る時は、地元の船頭さんが特別に櫂《かい》を作ってくれて、それを持って、宮本武蔵はどういう心境で島に渡ったのかって思いを馳せて胸が熱くなった。その時に映画じゃないけど、自分を武蔵に重ね合わせて、場面場面で武蔵の心境になりきって島に向かったんだ。

試合は、二時間五分一四秒、ＴＫＯで俺が勝ったんだけど、俺も肩を脱臼して大変だったしマサもケガをしたと後から聞いた。

あの試合は、観客を気にする必要もないし、テレビに気を遣う必要もない。かがり火の明かりだけという暗闇の中で相手と俺だけが通じ合う世界でね。だからこそ、相手はマサしかいなかった。

マサとは東京プロレスを旗揚げした時からの付き合いで、東京五輪のアマレス代表だったから実力もあって強かった。性格的には人がいい男で、そのことで利用されたこともあった。だけど、彼なりにアメリカで修業して単独で頑張ってきた。昭和五九年には仲間のレスラーを助けるために警官に暴行して刑務所にまで入って苦労もしたと思う。

残念だけど、平成三〇年七月一四日にパーキンソン病で七五歳で亡くなってしまった。通夜告別式はちょうど腰の手術を終えたばかりで参列できなかったんだけど、せめてもの供養に通夜の時、寺の門まで車で行って窓を開けて祭壇へ向かって手を合わせた。

マサ、本当にありがとう。

第4章
闘う男たちに花を

遺恨を極めたタイガー・ジェット・シンとの対戦。腕折りに持っていこうとする
（写真＝原悦生）

この章では、対戦した外国人、盟友、宿敵、弟子たちについて、俺の今の正直な思いをつづっていきたい。

ナイフを咥えていたタイガー・ジェット・シン

新日本を旗揚げした翌年の昭和四八年から、シンは俺と闘うことになったんだけど、それまでは名前さえ知らなかった。うだつの上がらない選手だったらしい。

吉田っていうアジア関係の興行をやっている人間が写真を持って売り込んできてね。写真に写ってるシンが小さなナイフを口に咥《くわ》えていたから、「こんなの咥えたって、どうしようもねぇよ」って言って、インド系カナダ人っていうことだから、サーベルを持たせたんだ。

自分の役割が分かった男

俺は、興行屋でもあったから、常に選手をどうやってプロデュースするかということを考えていて、いろんなアイデアが研ぎ澄まされていったんだけど、シンはそれが見事に当たった代表的な選手だと思う。

人は、自分がどういう風に見られていて、人にどう育てられているかっていうことに気がつかないことがある。

俺は、どう見せれば客を引き付けられるかということを本能的に分かってるところがあって、シンの持って生まれた感性と俺の本能が絶妙なハーモニーとなって、あれだけの試合を見せることができたと思う。

彼は会うたびに「猪木のおかげだ」と言ってくれたけど、シン自身が自分の役割をしっかり心得ていたからこそ、数多くの客の気持ちをつかんだと思っている。あれほど自分の役割を分かった外国人選手は、シンをおいて他にはいない。

新宿伊勢丹襲撃事件は、作為だったか

シンと言えば、昭和四八年一一月五日に、当時の妻の倍賞美津子と買い物をした帰りの俺を新宿の伊勢丹前の道路で襲撃してきた事件が有名でね。

通行人が四谷警察に通報して大騒動になったんだけど、それが作為的であったかどうかは、どうなんだろう……。

ただ、あのころの俺は相当、イキがっていたっていうことだけは言えるけどね。

すべて桁違いなアンドレ・ザ・ジャイアント

身長二メートル二三センチ、体重二三〇キロっていう体格もそうだけど、あれだけの体で機敏に動いたし、信じられないぐらい酒も強くて、すべてにおいて桁違《けたちが》いなレスラーだった。

ただ、すごくプライドが高い男でアメリカでは一対二とか一対三とかのハンディキャップマッチが多かったけど、俺と戦う時は、アメリカでは見せない格闘スタイルで向かってきたことを思い出す。

こっちは、闘い方としては、スタミナを奪うしかないから、リングを上がったり下がったりして追っかけさせて怒らせて、アンドレが根負けするような試合に持っていったよね。

時代が生んだ化け物

アンドレと最後にシングルで闘ったのは、昭和六一年六月一七日、愛知県体育館。最後は腕固めで初めて彼からギブアップを奪ったんだけど、あの時は、もうピークを越えていたと思う。

今、あの試合を振り返ると、客をしっかり自分の手でつかんだなっていう思いだけだね。全盛期は、岩みたいで蹴りを入れたら俺の足が剝離《はくり》骨折したこともあったぐらい、人間じゃないみたいだった。

アンドレは、言い方は悪いかもしれないが、時代が生んだ化け物。あれだけの選手と闘ったことが今もストーリーとして語り継がれているわけだから、逆に俺にとって、彼と出会えたのはラッキーだった。

俺と闘って磨かれたスタン・ハンセン

初来日は昭和五〇年九月の全日本で、その後五二年一月に新日本に参戦したんだけど、見た通りのヤンキーというか、明るさを持ったレスラーだった。

彼はWWWF（現WWE）のマジソン・スクエア・ガーデンでの試合で、チャンピオンのブルーノ・サンマルチノの「首を折った」という看板があったけど、新日本に来たころは粗削りでね。俺と闘うことでレスラーとして磨かれたと思う。ハンセンから直接、「猪木とやったおかげ」と言われたことがないから、彼の思いは分からないし、俺が何かを教えたわけじゃない。

ただ、対戦することで一瞬の間の取り方とか気とか、瞬時に客をつかむことを覚えたんじゃないか。

箒とでも名勝負ができる

じゃあ、俺がどうやって客をつかむことを覚えていったかってよく聞かれるんだけど、それは天性のものだと思う。

昔、ヒロ・マツダさんが「猪木は箒《ほうき》とでも名勝負ができる」って評したことがあったんだけど、それは当たっているかもしれない。

ただ、すべては積み重ねで、後から振り返れば「あの時はこうだった」って説明できるかもしれないけど、リングに上がって、「こうやれば、客がつかめる」とか考えたことはないし、目の前の試合を必死に闘った結果として身に付けたことだった。

ローラン・ボックの凄まじいパワー

なぜだか分からないんだけど、今、ボックに会いたいって思う。

彼とは、昭和五三年一一月のヨーロッパ遠征で三度闘って、最後の一一月二六日、西ドイツ（現ドイツ）・シュツットガルトでの試合で判定で負けた。それまで日本ではほとんど無名の選手に俺が負けたから、この試合は「シュツットガルトの惨劇」と名付けられて、今も語り継がれている。

このヨーロッパ遠征は、二二日間で二〇試合という過酷なスケジュールで、マットもヨーロッパ特有の鉄板みたいに固いリングでね。しかも遠征の最初の試合で右肩を脱臼して、試合をこなしながら宿で必死にケガの治療をしていた。試合も四分一〇ラウンドという慣れない形式で、俺にとって悪条件は重なったが、ただ、確かにボックは凄かった。

メキシコ五輪にも出場したアマレスの実力者で、スープレックスからの攻めとか基本もしっかりしていたし、身長一九六センチ、体重一二五キロという恵まれた体格で、何よりもパワーが桁外れに違っていた。最初に握手した時、握力の強さに嫌な予感がしてね。

普通の選手は、技がどんなに優れていても相手がずば抜けたパワーを持っていると勝てない。あのパワーの凄《すさ》まじさは、俺が対戦した相手の中でも群を抜いていた。

勝負を超えた、危険な駆け引き

ただ俺には、相手のパワーを超える関節技があった。俺の関節技は、たとえて言えば核兵器のような最終兵器で、もし試合でボックが一線を超えてきたら、俺は関節技という核兵器を本気で打ち込む覚悟だった。

その武器を俺が持っていることは、ボックも意識していたと思う。そういう意味であの試合には、闘った者同士だけが分かる、単に力と力、技と技ということを超えた、危険な駆け引きの瞬間があった。

昔、テレビでやっていた、何とか歌合戦じゃないけど、象さんチームとうさぎさんチームが上がっていったところで片一方が落ちるでしょ。そういうきわどいバランスの上の、究極、命をかけるかかけないかみたいな闘いだった。

みんな口では言うけど、リングで命をかけたいヤツなんていない。ボックがそこまで意識したかは分からない。だから、今、会って話してみたいと思うんだ。

でくの坊だったビッグバン・ベイダー

ベイダーは、マサ斎藤が連れてきたんだけど、最初は何もできないただのでくの坊で、気の小さい男だった。

ただ、初参戦が大暴動が起きた昭和六二年一二月二七日の両国国技館で、逆に言えば、あれがベイダーにとってプラスのインパクトになったと思う。あの暴動があったから、あれから何年も飯を食えたのかもしれないよね。

「猪木が死んだ」という悲鳴

ベイダーとの試合で思い出すのは、平成八年一月四日の東京ドームでの試合でね。俺は自分の試合のテープは、いくつかの試合を除いてあまり見ないんだけど、この試合は、今も見る時がある。

この試合は、俺があいつの投げっぱなしのジャーマンスープレックスを食らって、ファンが「猪木が死んだ」って悲鳴を上げたらしいけど、自分でも、今、テープを見ても、あれはヤバイと思う。あんな受け身は誰もやったことないんじゃないかな。あの後、記憶が飛んでよく覚えてないんだけど、昔のマットだったら完全に背中も首もいかれていたよ。考えてみればよくもたせてくれたよね。

平成三〇年六月一八日に六三歳で亡くなった。今は冥福を祈りたい。

夢を語らなかった坂口征二

坂口は、昭和四八年四月に、日本プロレスから旗揚げ二年目の新日本に移籍してくれた。移籍の交渉は、新日本のテレビ中継をスタートするためにＮＥＴ（現テレビ朝日）が間に入ってつないでくれた。

見た通りの穏やかな性格で、とてもいい人間。人を使うのがうまかった。副社長として社長の俺ができない役割をやってくれて、右腕としてこのバカな俺を支えて本当によくやってくれたと感謝している。

ただ、ちょっと荒っぽい話になるけど、ここ一番という時に勝負をかける、命をかける、刺し違えてもっていうタイプじゃない。金の部分しか見ないで、夢の部分を語らない男だった。だからこそ夢ばかり追っていった俺にとって大切な男だったとも言えるのだが。

ラッシャー木村は勝負をかける覚悟がなかった

木村とは、昭和五六年の秋から五八年の秋まで二年間にわたって闘った。日本人でこれだけの長期間、対戦が継続したのは木村をおいて他にいない。そういう意味では宿敵だったのかもしれない。

木村は、大相撲から日本プロレスに入門して、昭和四一年に東京プロレスを作った時に日本プロレスから移籍してきたんだけど、当時の印象はほとんど覚えてない。

本格的に対戦したのは、昭和五六年の夏に国際プロレスが崩壊して「はぐれ国際軍団」として新日本に参戦してからだった。関節技は知らなかったけど、大相撲出身だったから力は強くて、体もでかかった。

ただ根性というか、取るならこっちも取るぜみたいな勝負をかける覚悟はなかった。そこは、一回も話したことないし、リングで顔を合わせていただけで人間性は分からないから、木村がどういう思いだったのかは分からないけど、リング上で彼の目を見て、勝負をかけるとなった時、その時点で目が終わっちゃってた。

あれだけの体がある選手はなかなかいない。だからこそ国際プロレスのエースに君臨していたと思う。ただ、プロ的なテクニックを教えられるいいコーチがいたら、もっと違った可能性はあったと思うし、レスラーという域から出られなかったことはもったいなかった。

「こんばんは」事件はなぜ起こったか

国際プロレスが崩壊して木村が初めて新日本のリングに登場したのが昭和五六年九月二三日、田園コロシアムだった。

アニマル浜口、寺西勇を引き連れたリング上で、インタビューされると「こんばんは」ってあいさつして会場から笑いが起きてね。

その時、俺は「何が面白いのか」と思っていた。あれは恐らく、国際プロレスの時代は客はそこそこ入っていたと思うけど、一万人クラスの大会場でやったことなかったんじゃないかな。舞台慣れしてなかったことが「こんばんは」につながったと思う。

ファンの意表をついた「一対三マッチ」

木村は、平成二二年五月二四日に六八歳で亡くなったが、新日本に上がっていた時は、ゴールデンタイムで常に視聴率も二〇パーセント以上という黄金時代で、様々な試合をやった。

中でも浜口、寺西の三人と一対三で昭和五七年一一月四日、五八年二月七日、いずれも蔵前国技館で二度にわたって闘ったことがある。

俺自身、ファンから「なんだよ、それ」と波紋を呼ぶようなことばかりやってきて、一対三も意表をつく意味があった。一対二のハンディキャップマッチをアメリカでもやったことがあったから、そういう経験もヒントになった。三人を相手にするのは初めてでリスクもあったけど、スタミナには自信があったから問題はなかった。

二試合とも最後の一人との対戦になって負けたけど、あれはあれであの時の状況を考えたらやらざるを得なかったんじゃないのかな。

なぜ「制裁マッチ」をやったか

昭和五七年九月二一日に大阪府立体育会館で負けた方が髪を切られるっていう試合をやって俺が勝って、木村が髪を切らないで逃げた時にファンが暴動を起こしてね。後始末が大変だった。

それからちょうど一年後の昭和五八年九月二一日に、同じ大阪府立体育会館で、俺が一方的に攻め続けて木村を顔面血だるまにしてKOした。

当時は「制裁マッチ」とか言われて、あそこまでやらないといけないのかって非難も浴びたけど、俺に言わせれば、やってもやられてもお互い「そのぐらいのこと耐えろよ」という思いしかない。まともにパンチを急所に食らえば別だけど、一発、二発叩いて「ボクちゃん、大丈夫?」みたいにいたわるのって、そんなのプロレスじゃないだろう。

じゃあどうしてあの時、あんな試合をやったかって。それはやっぱり瞬間、瞬間のひらめき。長引かせていい試合と勝負を付けないといけない試合とか、俺の中での瞬時の判断としか言いようがない。

弟子を育てないと楽ができない

新日本をやっていた時は、俺自身の闘い、興行のことを考えていたと同時に、早く次のスターを作らなければいけないと思っていた。

いつまでも客の目当てが俺一人だけだったら、楽できないからね（笑）。

数多くの選手が新日本の門を叩いて切磋《せっさ》琢磨《たくま》したんだけど、弟子にはみんな期待していたし、俺は数多くのスターを育てたと思う。

リングネームに抵抗した長州力

長州は専修大学の時にアマレスでミュンヘン五輪に出場して、昭和四九年に鳴り物入りで新日本に入ってきた。

思い出すのは、昭和五二年四月にリングネームを本名の吉田光雄から長州力に変えた時。ファンからの公募で改名するっていう企画だったんだけど、変えることに猛烈に抵抗してね。「なんでリキなんですか？」って憤っていた姿が忘れられない。

彼は山口県、長州の出身で「長州力」とつけたんだけど、どういう思いで抵抗したのか。

彼のバックボーンの中で改名に対して嫌な感情があったのかもしれない。

スポットライトの快感からは抜けられない

長州は、入ってからなかなか人気が上がらなくて苦労していた。あの当時は、いろんなタイプの選手がいたから、彼なりに背が低いとか、そういう部分で劣等意識を持っていたのかもしれない。

それが昭和五七年一〇月八日の後楽園ホールでの試合で、タッグを組んだ藤波辰巳（現辰爾）に反旗を翻して一気にスポットライトを浴びるようになった。

あの時に長州が藤波に「俺はかませ犬じゃない」って発言したことが注目されたけど、長州自身も行動を起こした時は、あそこまでブレイクするとは思ってなかったんじゃないかな。

マスコミがあおってくれたことで一瞬のうちに注目を集めたわけだけど、スポットライトって、照らされるまでは難しいんだけど、一度、光を向けられると、もうその快感というか心地よさから抜けられないものでね。長州もそんなスポットライトの魅力を初めて感じたと思う。そこからは、頑張って自分の個性をしっかり作り上げていったんじゃないかな。

長州が俺を裏切ったなんて思ってない

長州は、昭和五九年九月に新日本を離脱したが、二年七か月後の六二年四月に戻ってきて、また平成一四年五月に今度は会見で俺のことを批判して退団した。

ただ、彼がどんなことを言おうが、去っていこうが、俺は彼が裏切ったって思ってない。「自分の道だからいいじゃん、好きなように進めよ」って思っていた。

それよりもテレビやなんかと組んでスキャンダルをしかけて人のことを罠にかけるようなヤツが過去に何人もいてね。すべては過去のことで、そんなことはもうどうでもいいんだけど、ただふと「なんでそこまで人を陥れるかな」って思うことはあってね。

俺は、人を陥れたことはないし、金も日本プロレスの時は違うけど、あとは給料を払う方で、人の金をごまかしたこともない。

別に今、恨みも何もない。もともとはみんな好きだったし、嫌いじゃない。いい縁でつながっていろいろ教わったこともあって、それはありがたいと思っている。

いい時代があったんだからそれを大事にしてもらいたいよね。人の人生だからとやかく言うつもりはないけど、とにかくいい人生を送ってください、と。俺も頑張っていい人生を送るからって。ただ、そういう連中の名前は、もう俺の手帳にはない。

長州のことに話を戻すと、確かに新日本を辞めたこともあったし、俺を批判したことも事実。ただ、彼は俺を貶《おとし》めるようなことはしていない。だから、裏切られたと思ってないんだよ。

地道に誠実に積み重ねた藤波辰爾

藤波はもともとは俺のファンで、中学を卒業して昭和四五年に日本プロレスに入門してきた。俺の付け人を務めてくれて、俺が日本プロレスを追放された時、幹部連中が「裏切り者を追い出した」なんて記者会見で喜んでいた時、新聞の写真で木戸修と二人寂しそうな顔をして立っている姿を見て、「俺のところに来い」って新日本に誘った。

性格は、とにかく真面目なんだよね。昭和五〇年に海外武者修業でドイツからカール・ゴッチさんがいるフロリダのタンパへ行って、毎日、頑張ってヒンズースクワットを三千回やっていたとか、地道にコツコツ積み重ねるタイプでね。そんな誠実な部分がゴッチさんに高く評価された。昭和五三年にニューヨークでＷＷＷＦジュニアヘビーのベルトを奪取して、一気に脚光を浴びることになった。

髪切り事件の中途半端さ

ただ、俺から言わせると、真面目一辺倒じゃなくて、もっと性格的にはじけるところがあったらよかった。

例えば、髪切り事件っていうのがあってね。あれは昭和六三年四月二二日、沖縄の奥武《おうの》山《やま》公園体育館、試合後の控室でマッチメイクへの不満を俺にぶつけてきてね。決意の表れかどうか今も分からないんだけど、なぜか突然、自分でハサミを持ち出して髪の毛を切り始めたんだけど、ほんのわずかのこれっぽっちしか切らなかったんだよ。

どうせ切るなら、もっとバサッて切れよって。髪切りますって言ったのはいいけど、あれじゃ、お前、そんなの切ったうちに入らないよって思ったよ。

そういうところで、もっとはじけていれば、さらによかったと思うんだけど、それもすべて藤波の個性で、もっと切れよっていうのは俺の価値観だから今さら言っても仕方ないんだけどね。

藤波は、今も現役で平和にやっているから、自分の信じた道を歩いて欲しいと思う。

一流の関節技を持っていた藤原喜明

ずっと付け人をやってくれて、流れで言えばゴッチ派に属する選手だった。レスラーって関節技が好きな選手と派手な立ち回りが好きな選手と、タイプが二手に分かれるものだけど、藤原は関節技が大好きでタンパのゴッチさんの家に修業に行った時は、教えられたことをノートに細かく書き残すほど研究熱心だった。

アリ戦ではスパーリングパートナーに抜擢したし、パキスタンでペールワンとやった時はセコンドに付いいてくれて、一流の関節技を持つ頼りになる男だった。

関節技と言えば、俺は天性で持って生まれた体の柔らかさがあったけど、藤原は体が硬くてね。そのハンディを練習で克服した選手だったと思う。

惜しい存在だった佐山サトル

昭和五六年四月二三日に蔵前国技館でタイガーマスクとなったんだけど、才能で言えば何をやっても抜群に凄かった。レスラーになるには、まず体が大きくなければならないっていうことが最低条件だった時代に、「そうじゃない」と、固定概念を覆した選手だった。

当時、プロレスが「八百長」とか、どうのこうの言われている中で、彼はそんな誹謗《ひぼう》中傷も関係ないほど無条件に魅力的だった。

それだけに、もっと怖い存在が一人そばにいたらよかった。あれだけ才能があるのに、自己コントロールという部分で惜しかった。

俺に張り合ったのかもしれない

昭和五八年八月にタイガーマスクを引退するんだけど、当時は水面下でタイガーマスク主演のハリウッド映画を製作する計画もあった。映画がすべてではないけれど、プロレスの枠をさらに超えた世界に出ていくという意味で、もっと羽ばたくことができたと思う。

そういう時にいつも思うのは、その人が描いている絵と俺が描いている絵に違いがあるということ。もしかすると、タイガーマスクとして人気が絶頂を迎えて、俺に張り合ったのかもしれない。佐山の人気に嫉妬したなんてことは、俺にはまったくなくてね。いろんな意味で返す返す惜しい存在だったと思う。

格闘技への思いと、タイガーマスク

入門のころは、よく覚えてなくて、道場や巡業の練習でよくジョージ高野と競い合ってランニングしていた姿を思い出す。ジョージに負けると、悔しがっていた顔が忘れられないね。佐山は、若手のころにキックボクシングの目白ジムに通って、そこで学んだ本格的な蹴りを道場で俺に見せてくれたこともあった。

そんな中で一番記憶に残っているのは、佐山をヨーロッパから連れ戻してタイガーマスクになって欲しいと言った時、「私がなんでそんなことやらなきゃいけないんですか。冗談じゃないです」って怒ったことだね。

タイガーマスクは、アニメ、漫画の原作を見て、体形から言えば足が長くてスマートなジョージ高野が本当は第一候補だった。それを会議で、俺が佐山と言った。見た目はジョージだけど、感性は佐山が飛び抜けていたことが決め手だった。

佐山には若いころ、将来はプロレスを進化させた格闘技をやりたいっていうプランについて話したことがあったと思う。後になって、その言葉を信じてキックのジムへ通い、昭和五二年一一月一四日には日本武道館でキックボクサーのマーク・コステロと闘って負けたけど、そういう貴重な経験を重ねていた。そんな経験がタイガーマスクになることで否定されたと思ったのか。あれだけ激怒したのは、そんな思いがあったからかもしれない。

プロレスと格闘技はなぜ分かれたのか

ただ、「将来は格闘技」という思いは、佐山から直接聞いたわけじゃないから、本当は彼がどう思ったのかは分からないけど、俺は、当時、プロレスの人気が下火だったから、その中で新しい形を考えて別の絵を描いていて、それが言葉に表れたと思う。

アリ戦に始まって、一貫して「プロレスが一番だよ」っていうことを訴えたかった。時代が流れて、みんなは勝手にプロレスと格闘技を分けているけど、俺は分けたことがない。だって、強さが一番だということは一緒でしょ。そこは、俺の中では何も変わってない。

それが、どうしてプロレスが格闘技と分かれたのかは分からない。ひとつ反省点で言えば、俺が国会議員になって、この業界をすべて任せきりにしてしまったことで、こうなったのかも分からない。

新日本で言えば、道場で馳浩《はせひろし》が指導にあたるようになってから変わってしまった。彼は、シュートを教えなかったからね。

闘魂三銃士で一番素質があった武藤敬司

武藤は素質はあった。柔道をやってきて全日本の強化指定選手に選ばれるぐらいの実力もあったし、体も柔らかくて勘もよかった。

昭和五九年四月に橋本真也、蝶野正洋《ちょうのまさひろ》と同じ日に入門してきて、後に三人を「闘魂三銃士」と名付けたんだけど、三人を揃えればその中で武藤という存在が一番だった。

映画の主演が失敗だった

ただ、武藤は映画に出たのが失敗だった。デビュー四年目の昭和六二年に相米《そうまい》慎二監督の映画『光る女』に主演したんだけど、あれは坂口征二が新しいスターを作ろうとして、プロレス以外でいかにネームバリューを上げるかを考えて、映画の主演を許可したと思う。ただ、華やかな映画の世界を見たことによって、武藤の意識が違う方向に行ったと思う。その進む方向は、個人が決めることで俺が決めることじゃない。本人がこういう道を行きたいって決心して今も現役でやっているわけで、その道が彼の道だと思うから。俺とは意識が違ったんだ。

意識が近かった橋本真也

武藤と対照的に、橋本は意識だけは俺に近かった。ただ、自己コントロールができなかった。こんなことを言うと俺も糖尿病を患ったから「そんなことはお前に言われたくない」って言われるかもしれないけど、俺は毎朝、ランニングしたりとか練習は欠かさなかった。

やっぱり、こういう職業をやるんであれば練習と自己コントロールは大事で、そこが橋本は足りなかった。

平成一七年七月一一日に四〇歳の若さで急逝したんだけど、人の命は分からないもので、それが与えられた寿命なのかもしれないと思ったりもした。何歳生きたということに価値があるとは全然思わないんだけど、四〇歳で亡くなった彼のことを思うと、惜しかったな、と。今はそう思う。

小利口さを補ってきた蝶野正洋

一言で言えば小利口な男でね。そう表現すると彼は怒るかもしれないけど、彼自身、自分で足らない部分をよく知っていて、それを一生懸命補うように頑張った結果が今につながっていると思う。

異なる人を受け入れる器

武藤、橋本、蝶野の三人を総じて言えば、三人それぞれ目指すものが違っていただろうし、蝶野は蝶野、武藤は武藤、橋本は橋本の個性がある。

それぞれの感じ方で、俺がやってきたことに対して「そうじゃねぇよ、猪木の野郎」って思ったこともあっただろう。

ただ、年を重ねて今の立場になった時、それぞれが昔思ったことと違ってきたり、自分と異なる人を受け入れる器というのも生まれているんじゃないかな。そんな中で「猪木の野郎が言ってたのは、こんな意味があったのか」っていう気づきが少しでもあれば、師匠として存在した意味があったのかなと思うね。

ひらめきから始まる物語

弟子について話してきたけど、弟子には正直、悪いことをしたと思っている。

それは、俺には教えるものがなかったからだ。例えば道場での指導で、タックルひとつ取ってもアマレスの入り方とか基本がある。

だけど、格闘技経験なしでプロレス界に入った俺にはその基本がない。もちろん、自分流のタックルはできるけど、教わったことがないから「レスリングを教えてください」って弟子たちに言われても教えようがなかった。

振り返ってみた時、人に教えられるものってないなって思う。

それは人生も同じで、俺の生き方には基本がないんだ。言ってみれば、自分で基本を作ってここまで突っ走ってきた。

俺は、ひらめいたことをそのまま実行してきただけで、計算をしたことがない。

アマレスで二大会連続五輪代表で昭和五五年に入門した谷津嘉章《やつよしあき》なんか、五六年六月二四日に蔵前国技館での日本デビュー戦で俺と組んで、スタン・ハンセン、アブドーラ・ザ・ブッチャーと闘ったんだけど、ハンセンとブッチャーにボコボコにやられて惨敗した。昔のプロモーション的な視点で言えば、派手にデビュー戦を飾るのが当たり前かもしれないけど、そんなもん、勝たせたら誰も信用しない。

結果、谷津の価値をアピールすることが難しくなったんだけど、これは、言葉ではうまく説明できないいんだけど、俺の中にはそういうひらめきが浮かんでしまうんだ。

そのことで弟子や対戦相手を困らせたこともあったかもしれないし、悪かったなって思うけど、一方で基本がない人生、ひらめきから始まる物語も面白《おもしれ》ぇじゃんって楽しんでいる俺がいるのも確かなんだ。

第5章

闘魂の遺伝子
——師弟対談

アントニオ猪木×前田日明

「生き方に相通じるものを感じる」
という愛弟子と

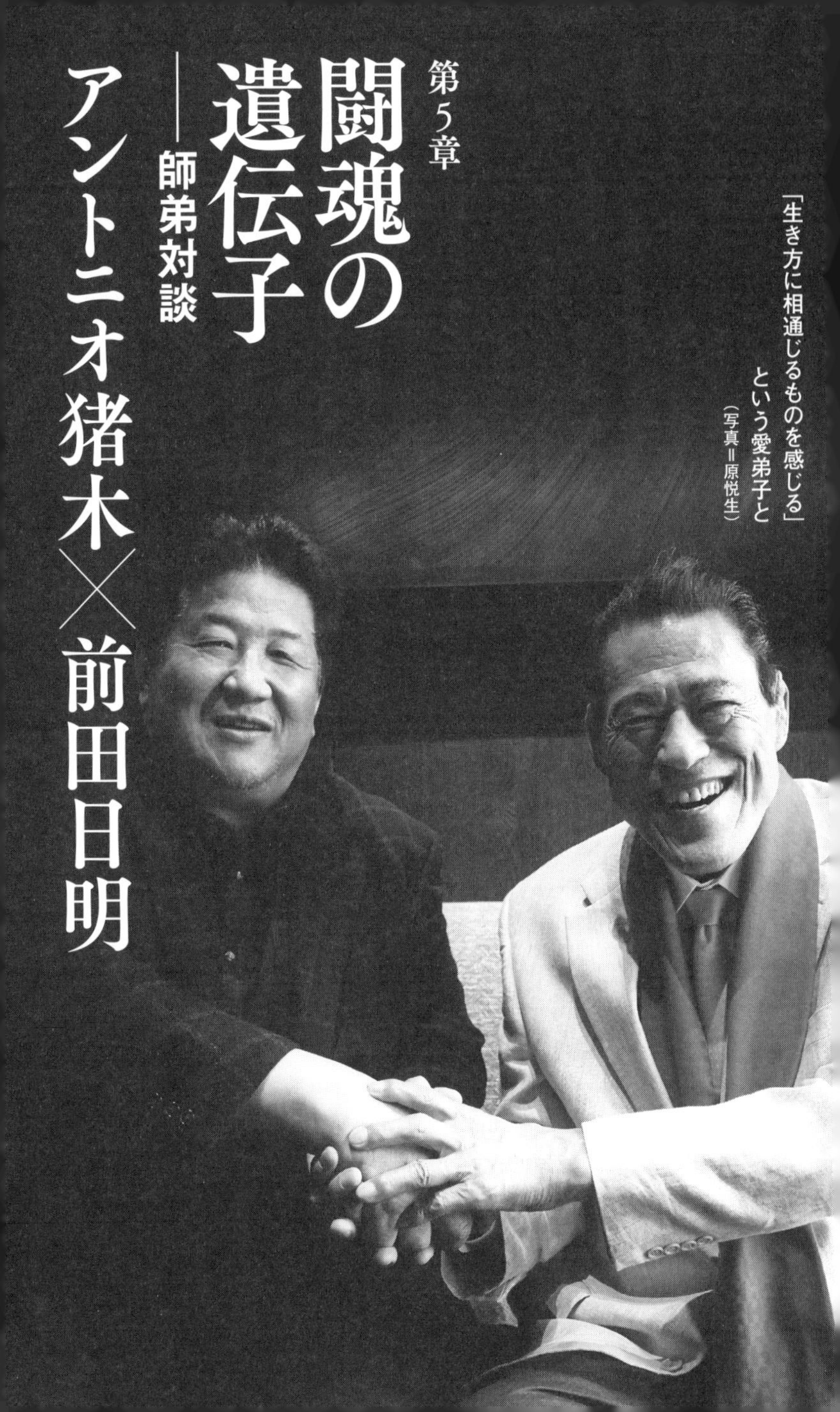

（写真＝原悦生）

前章で弟子たちへの思いをつづったが、逆に弟子は俺をどう思っているのかを知りたくなった。

たくさんの弟子を育ててきたが、その中でもとりわけ、リング内外で俺に熱い思いを叩きつけてきた前田日明は印象深い。新日本という組織を出て、UWF、さらに一人でリングスを設立した前田の生きざまは、どこか俺と共通しているところがあると感じていた。

河出書房新社が前田に対談をオファーすると、快く応じてくれた。まだ緊急事態宣言が発令される前の四月某日、ホテルオークラで前田と語り合った。

前田日明《まえだ・あきら》

昭和三四年（一九五九年）一月二四日、大阪府大正区生まれ。大阪・北陽高校を卒業し、五二年七月七日、新日本プロレスへ入団。五三年八月二五日、新潟・長岡市厚生会館の山本小鉄戦でデビュー。五九年四月に新団体「ユニバーサルプロレス（UWF）」へ移籍。団体の運営が行き詰まり、六一年一月から新日本へUターン参戦する。六三年二月、新日本を解雇され同年五月に新生UWFを旗揚げし一大ブームを築く。平成三年一月にUWFを解散し同年五月、新団体「リングス」を旗揚げする。平成一一年二月二一日、引退試合でアレクサンダー・カレリンと対戦する。以後、スーパーバイザー、プロデューサーとして格闘技イベント「HERO'S」などに携わり、平成二〇年にはアマチュアの格闘技大会「THE OUTSIDER」を立ち上げ、現在に至る。

猪木　どうも！　元気ですか！　久しぶりだね。何だかいい顔しているじゃん。

前田　ありがとうございます。おかげさまで何とか元気でやっております。自分も今年の一月で六一歳になったんですが、猪木さんも、喜寿を迎えてなお、お元気そうで何よりです。

猪木　元気なふりしているだけだよ（笑）。病気もして体はボロボロだけど、元気を売り物にしてやってきている以上、しょうがねぇじゃん。ただ、人前に出て『元気ですか！』って言うと元気になるんだよね。こうやって前田と二人でじっくり話すのは初めてだよね？

前田　そうですね。

猪木　そういう意味でも今日は楽しみにしていたよ。さぁ何でも聞いてくれ。

前田　ありがとうございます。自分も六一歳になって、遅い結婚をして子供も二人授かって、今、思い起こしてみると猪木さんにお世話になりっぱなしだったなという気持ちが強いんですね。猪木さんが育てた弟子は数多くいるんですけど、その中でも自分は本当に不肖の弟子だったなって思うんです。

猪木　いや、そんなことはないよ。若いころと比べれば、見た感じは随分、変わったけど、年齢を重ねていい風に変わっているよ。

猪木さんから父親の愛情を感じていた

前田　そう、おっしゃっていただけると嬉しいですね。猪木さんにまず最初にお世話になったという意味で思い起こすことは、新日本プロレスに入門した当時のことなんです。自分は空手をやっていまして、一九七七年四月に、当時専務取締役だった新間寿さんにスカウトされて新日本プロレスに入門したんですが、当時、一八歳で、そのころを思い起こすと自分はすごく愛情に飢えていたんですね。

猪木　愛情に飢えていた？

前田　はい。自分は、両親が離婚して一般の中学生が通過するはずの反抗期のころ、家に親がほとんどいなくて、一人暮らしみたいな生活を送っていたので、他の同級生のような反抗期を経験してなかったんです。そんな成長の過程を経て、一八歳で新日本プロレスに入って、先輩たちがいて、自分のことをかまってくれる人が増えたんで、突然、思春期になったみたいになりまして、普通の人が中学生の時に辿るはずの反抗期を妙に経験し直した感じだったんです。プロレスってどんな世界なんだろう？　鬼みたいな人ばっかりで地獄みたいなところかなって思って入って、道場では、猪木さん、コーチだった山本小鉄さんの指導は厳しくて、遅れてきた反抗期みたいな感じで先輩たちに反抗していた部分もあったんですけど、割とのびのびと生活させていただいたんですね。だから、すごく大きな世界で包まれていたっていう感じでした。今思うと、当時の猪木さんから一八歳の前田日明は、父性愛、父親の愛情をすごく感じていたんだなって思うんです。

「将来有望だな」って思ったよね

猪木　前田の入門で覚えているのは、身長が一九〇センチ近くある大きい新弟子が入ったから、「これは将来有望だな」って思ったよね。当時は、山本小鉄と星野勘太郎はいたけど、小粒でピリリと辛いタイプのこの二人は別にして、俺らのころは、プロレスラーは大きくなければいけないっていうのがあって、俺が日本プロレスに入門した当時は俺とジャイアント馬場、マンモス鈴木、大木金太郎が若手四天王って呼ばれて、みんな体が大きかった。今は小さい選手が多いけど、かつてはプロレスラーになる条件というものはなかったんだけど、体が大きくなければならないという基準があったと思う。そういう意味で前田は有望だったし期待していたよ。

前田　自分は、一九七七年の七月七日ぐらいに入門して野毛の新日本プロレスの合宿所に入ったんです。その三日前に新間寿さんと大阪のロイヤルホテルでお会いしたんですね。

そうしたら、いきなり西洋料理のフルコースをご馳走になって、五百グラムのビーフステーキを食べたんです。その時に新間さんから、「東京来たら毎日、ビーフステーキを食べて水代わりに牛乳とオレンジジュースだぞ」って言われて、「凄い世界だな」って感動したんです。そのころ自分は飯場で寝泊まりしながら工事現場で働いていました。飯は朝昼晩、ししゃもかさばの塩焼きに味噌汁とご飯。たまにラーメンとか目玉焼きとかっていう食生活だったんで、ビーフステーキをご馳走になって、世界ががらっと変わりました（笑）。それで上京して猪木さんと初めてお会いするんですが、その時のことは覚えてらっしゃいますか？

猪木　いや、覚えてないなぁ。

「うわっ！　倍賞美津子だ」とビックリ

前田　入門する前に新日本プロレスの社員の方に当時、猪木さんが住んでいた代官山のマンションへ連れて行ってもらったんです。そしたら、玄関がオートロックなんです。四三年前ですよ、オートロックなんか、全然普及していない時代で、自分なんかもちろん、そんなものあることすら知らないですよね。だから、玄関で事務所の人がボタンを押すと声がしてきて、自分は「なんで扉が閉まっているのに、インターホンを押すと声が出るんだろう?」って不思議で仕方なくて、「もしかして、このビル一軒、全部猪木さんの家なんかな?」ってビックリしました(笑)。

猪木　代官山に住んでいた時だよね。あそこは、けっこう広かったよね。

前田　猪木さんの部屋は五階なんですけど、エレベーターを降りると、猪木さんの家のドアしかありませんでした。

猪木　あそこは、五階にある二部屋が自宅で、専用のエレベーターがあったんだ。

前田　部屋に入って自分は、窓際に背を向けて座って、目の前に猪木さんが座っていたんです。自分からすれば、猪木さんの存在は、入門前は雲の上の人っていうイメージで、テレビで日本プロレスを見て、梶原一騎原作の漫画をいっぱい見てきた世代なんです。『タイガーマスク』を読むと猪木さんが出ていましたから、完全に別世界の方でした。その猪木さんが目の前にいて、「本物は凄い肩幅だな」って圧倒されて、でも目をそらしちゃいけないって必死で猪木さんの目を見ていたら、横からアイスコーヒーを持った白い手が伸びてきてその手の先をぐっと見たら、当時、奥さんの倍賞美津子さんだった。「うわっ!倍賞美津子だ」ってビックリしましたよ(笑)。

猪木　ハハハ……。

前田　いやぁ、というのも実は、たまたま猪木さんの家に行く前日に倍賞美津子さんが主演だった『喜劇・女は度胸』っていう映画が大阪のサンテレビで放送されていて、自分はそれを見ていたんです。その翌日だったから、余計にビックリしましたよ。

「アリの弟子にしてやる」と言われて入門

猪木　よく覚えているね。ゴメン、俺は、その時のことは覚えてないなぁ。そこから入門して道場での練習はどうだった?

前田　入門したころのことで覚えているのは、ちょっと話が長くなるんですが、よろしいですか。

猪木　どうぞ。

前田　自分は新間さんから「プロレスラーにならないか」って言われたんですけど、何回か断っているんです。それは、自分の頭の中では、日本プロレス、漫画のタイガーマスクを見て、プロレスラーは、生まれつき神童とか怪童とか言われる人たちが集まってやってる世界だと思っていたから、自分はとてもじゃないけど無理だと思っていたので「無理です」って断っていたんです。そしたら、新間さんに「前田君はモハメド・アリは好きか?」って言われて、「好きです」って答えると、「じゃあアメリカでアリのジムに入れてプロボクサーにしてあげよう」って言われて……当時、コング斉藤っていう日本人ヘビー級プロボクサーの試合が、四回戦だけどTBSで全国中継されたんです。それを見て「あんなしょっぱいヤツなら、オレがアリの弟子になったら一発で勝てるな」って思っていました。
そのころは将来、アメリカに行って暮らしたいっていう思いも強かったんで、新間さんの「アリの弟子にしてやる」っていう話を聞いて、アメリカに行ってアリの弟子にしてもらってプロボクサーになったら、一石三鳥だなって思ったんですね。

猪木　俺とアリの試合が一九七六年六月二六日だから、その次の年の話だね。

前田　そうです。さらに、新間さんは親切なことに、「アリの道場へ行く前に向こうでのトレーニングに耐えられるようにウチで体を作っていきなさい」って言って、自分は「食事代とかどうしたらいいんですか？」って聞いたら、「そんなの心配いらないよ。うちはアリと親戚のような関係だから心配ない」って言われて、じゃあ、自分はあくまでも新日本プロレスで何年か体を作ってプロボクサーになるためにアメリカへ行く準備をしようと思って入門したんです。

猪木　そんな経緯だったとは全然知らなかったよ。

前田　そうだったんです。ですから、新日本に入ったのはアメリカへ行く前の準備でしたけど、せっかく入門したからには、プロレスの技を覚えた方がいいなって思って、道場を見まわしたら、藤原喜明さんがスパーリングをよくやっていたんです。だから藤原さんに、「自分もスパーリングをお願いします」って言ったら、「シッシッ。邪魔だから向こうに行け」って言われたんです。

猪木　藤原が？　そんなこと言ったの？
前田　ただ、自分としては断られたんですけど、これは三顧の礼が必要なんだと思って、それから毎日、毎日、藤原さんにスパーリングをお願いしに行ったんです。

いきなり猪木に金的蹴り

前田　そういう日々が一か月ぐらい続いて、巡業で山口の徳山の体育館へ行った時に、試合前の練習で藤原さんのところへお願いに行くと、いつものように「シッシッ」と言われたんですが、その時、たまたま猪木さんがそれを聞いていたんです。
猪木　で、俺はなんて言ったの？
前田　猪木さんはこうおっしゃったんです。「藤原、お前、邪険にするなよ。かわいそうじゃないか。やってやれよ」って。そして「じゃあ、前田、俺がやってやるよ。来い」って呼んでいただいたんです。その時、自分は「いやぁ、呼ばれたけど、いくら何でも天下のアントニオ猪木とスパーリングなんて、どうしたらいいんか？」って訳が分からない心理状態になって、猪木さんに「自分、まったくレスリングとか分からないんで何してもいいですか？」って聞いたら、「おぉ、いいよ、何でもしてこい」って言われて、何でもしてこいって言われたもんだから、その時に自分の頭の中には、空手をやっていた時に読んでいた極真会館の大山倍達総裁の本に「プロレスラーと戦うには金的蹴りと目つきしかない」って書いてあったんで、それをやるしかないって思って、それを本当にやったら、周りの先輩方が「お前、何するんだ！」って慌ててウワーッて止めに来たんですよ。

プロデューサーの視点で弟子たちを見ていた

猪木　そんなことがあったのか（笑）。ちょっとはっきり覚えてないんだけど、ただ、新弟子を育てるという部分においては、多分、師匠の力道山もそうだったと思うんだけど、常に次の時代をつかむスターを育成しないといけないと考えていたよね。そういう部分で俺はリングで闘うプロレスラーという見方ではなくて、興行会社を動かすプロデューサーという視点から弟子たちを見ている部分はあった。ただ、その根本に置いていたことは、プロレスラーたるもの強くなければならない、と。いつ何時《なんどき》、誰からもなめられてはいけない、と。新日本をやっていた時は、これだけは絶対に譲れない部分で、貫いてきたことだったね。

前田　スクワット千回とか二千回とか、若いころはやらされましたけど、今、振り返るとそういう毎日、毎日の小さな積み重ねが後になって役立つということを道場で学んだなって思います。今の若い人は練習に意味を求めて単調な反復練習を嫌うんです。だけど、自分が後から考えると、あの単調な練習をやることで気持ちとか性格をコントロールする克己心が作られたんです。昭和の真っただ中の時代ですから体罰は当たり前でしたが、今から考えたら新日本プロレスの道場での毎日は、本当にいい思い出です。

猪木　俺は日本プロレスに入門したわけだけど、力道山は黙っているだけで、練習でああしろこうしろって何も教わったことはないんだよね。教わったことと言えば、ただ「バカヤローッ」って言われることぐらい（笑）。そういう環境の中で、今、前田が言ったけどスクワットみたいな屈伸運動だってバカみたいに千回だ、二千回だって、膝にいいわけないんだよ。それが原因で体にガタがきてやめた選手もいるんじゃないかな。俺はそういう意味では、割と肉体的に強かったんで耐えていけたんだけど、ただ、そういう何も指導されない、ある意味、理不尽極まりない練習の中で、すべては言葉じゃなくて体で学ぶんだよっていうことを自然と教わったような気がするよね。

猪木さんにはいつの間にか極められてしまう

前田　本当にそう思います。そういう精神面だけでなく、道場のスパーリングで叩き込まれた技術面も役立ちました。後年、自分はＵＷＦが解散になって一九九一年に一人で総合格闘技団体の「リングス」を設立したんですが、その時、招聘《しょうへい》する外国人選手は、柔道とかレスリングとかアマチュアの強豪しかいなかったんで、選手を発掘するために世界中を鞄ひとつ持ってあっちこっちウロウロしていたんです。その時に出会った選手に「リングス」の闘いを説明するために、最後は自分がスパーリングをしないといけなかったんです。正直、自分自身、アマチュアの世界的強豪とスパーリングする時に自分の力が通じるかどうかな？　と思ったこともあったんですけど、やってみたら新日本の道場の時代に知らず知らずのうちに身に付いたことが役に立って、後れをとったことは全然なかったですね。

猪木　道場で俺とスパーリングをやったことはあったかな？

前田　自分が入ったころは、いつも猪木さんは、上の人とやってらっしゃって、自分が記憶している限りは、数えるほどしかやってなかったと思います。猪木さんは、他の先輩方とはちょっと違うんですね。組むとフワフワワッていう感じで、いつのまにか極《き》められてしまう。あの感じはいまだによく分からないんです。他の先輩方は、体重をかけてきて、うまく体重を使って極めてくるんですけど、猪木さんはちょっと違いました。

猪木　俺は体が柔らかかったからね。ある意味、特異体質というか、関節も他の人より柔軟で特に足首の関節なんか極められたことはなかったよね。

いつまでもアメリカンプロレスじゃない

前田　猪木さん、当時、道場で自分たち若手におっしゃっていた言葉って覚えてらっしゃいますか？

猪木　どんな話かな？

前田　猪木さんがよく言われていたのが「プロレスは、いつまでもこんな飛んだり跳ねたりするアメリカンプロレスのようなことをやるんじゃないんだよ」って、それで、将来、純粋に強さを競えるものをやるから「そのためにお前らちゃんと練習しないとダメだよ」って言っていました。

猪木　それは、「レスラーは強くあれ」ということが基本だから、常に強さを目指せということを伝えたかったんだよね。例えばグレイシー柔術なんてのが後から出てきてプロレスラーが負けてしまったんだけど、彼らがやっていたあんな技は全部、俺は日本プロレスの道場で使っていたからね。関節技はいろんな絞め方があるけど、柔道五段の大坪清隆さんとか柔道上がりの先輩がやる技を学んで自分のものにしていたよ。ただ、アキレス腱固めを教えられたのは、カール・ゴッチさんからだけどね。

力道山と日本プロレスの底力

前田　やっぱり、そうですよね。日本プロレスの道場って凄いところだったんですよね。最近は、柔道側の意見が大きくなって、自分も昭和の巌流島と言われた一九五四年一二月二二日に蔵前国技館で闘った力道山と柔道王の木村政彦さんの試合について書かれた本も読みましたけど、みんな日本プロレスのことを知らないだけなんです。自分は自分なりに日本プロレス出身の北沢幹之さんから話を聞いたり、文献を調べたりしました。力道山が日本プロレスを旗揚げした後、関西にも全日本プロレス協会があって対抗戦とかしているんですけど、全部真剣勝負なんです。当時の状況というのは、終戦後にGHQが指令して武道の指導者を養成する大日本武徳会武道専門学校（武専）が廃校になったり、しばらくは、柔道、剣道、空手が禁止になった時があったんです。その中で力道山が一九五三年に日本プロレスを設立して本格的なプロレス団体が日本に興《おこ》るんですけど、その時に旧制高校とかでやっていた寝技中心の高専柔道や武専という流れの人たちがプロレス界へ入ってきたんです。そういう全国でもまれにもまれた人材が集まってきた場所が日本プロレスの道場だったんです。そんなことも知らないで、当時のプロレスラーは実力がなかったとかレベルが低いとか言う人がいるけど、当時の日本の中で一番技術があったところだったたんです、日本プロレスは。
猪木　俺が入門したころ、道場にはいろいろな人がいたよね。早大レスリング部出身でアマレス上がりの吉原功さん、柔道、柔術の大坪さん、金子武雄さんっていう重量挙げの全日本チャンピオンもいてね、それぞれがみんなチャンピオンだったね。
前田　だから、さっき言いましたが、力道山と木村さんの試合は、力道山が木村さんをKOするんですけど、柔道側の人は「本気でやれば力道山は木村にかなわない」って言うんですけど、絶対にそんなことはないんです。
猪木　俺は、その試合は後からテレビで見たんだけど、試合が終わって「あれは約束があった」とか「力道山が裏切った」とかいろんなことを言う人がいたけど、あれは、あの結果がそのままじゃないの。木村さんも凄い人だけど、じゃあ、その約束というものがなかったとして、本気でやってもババンッて力道山が倒して終わりじゃないの。
前田　自分もそう思いますね。
猪木　俺は師匠のことはよく知っているけど、あの人の凄さは半端じゃなかったからね。まず精神面で、朝鮮半島から来て、相撲界に入って、その流れで自分でマゲを切ってプロレスという世界を作った魂は半端じゃない。それと拳が大きくて固くて凄かったし、ケンカは強かったと思う。相撲を辞めてから力道山が相撲部屋へバイクに乗ってくると、みんなビビッたって言うもんね。ただ、俺から見ればレスリングの技術はそれほどでもなかったけどね。

武道の国、日本のプロレス

前田　そういう強豪が集まっていた当時の日本プロレスって、とんでもなくレベルが高いところなんです。自分がそれを実感したのは、先輩の北沢さんのことなんです。北沢さんは「リングス」をやっていた時、レフェリーをやっていただいていました。「リングス」には、世界中からアマレス、柔道とかいろんなジャンルの世界選手権の優勝者、メダリストが多く来日して、ある日、練習でスパーリングをやった時に、北沢さんがヴォルク・ハンに引っ張られてスパーリングをやったんです。ハンはロシア出身でサンボの世界チャンピオンなんですが、北沢さんを極めることができないんです。その時、北沢さんは引退して一〇年以上経っていたんですけど、まったくハンは極められないんです。それでスパーリングが終わった後にハンがビックリして「前田、彼はいったい何をした人間なんだ？」って聞くので、「自分の先輩でプロレスをやった人だよ」って答えると、「そうなのか。で、プロレス以外は何をやってきたのか？」って言うから、「いや、プロレスしかやっていないよ」って言ったら、プロレスラーの実力の高さに驚いていたんです。その中でもまれてきた猪木さんは、やっぱり凄いし本当に強かったんです。

猪木　入門した当初は先輩に極められたけど、三か月もしないうちに極められなくなったからね。何回か極められたら同じ技は極めさせなかったよね。

前田　だから、みんな、その辺のところを分かってない人間が多すぎるんです。だいたい、日本みたいな武道、武道という国でプロレスというものを興すのがどれだけ大変だったか。観客だけじゃなくて、やる側もすべてを納得させないといけなかったんです。納得させるには力がなければいけない。だから「練習しないといけないよ」「強くならないといけないよ」と。猪木さんからそういうことを教えられました。

猪木　俺は、入門した時にとにかく強くなりたいって、それしか考えてなかったから。有名になりたいとか人気者になりたいなんて考える余地なかったよね。それがレスラーとしての何よりの基盤で、弟子たちにもそれを自分なりに伝えたつもりだったんだけど、ただ、新日本を始めてから特に俺は、いつもいつも環境問題とか食糧危機を救いたいとか夢を追っかけていて、プロレスも確かに一番大事なんだけどそれ以上に世界をひっくり返すぐらいのことをしてやろうみたいなことばっかり思っていたから、その辺が今、反省じゃないけど、もっと弟子たちに伝えることがあったんじゃないかと思うこともあるんでね。今、前田がそういうことを言ってくれて、俺のプロレスへの思いが伝わっていたことを感じて嬉しく思うよ。

プロレスは闘いなんだと体で示す

前田　猪木さんの絶対に世間からなめられてはいけないっていう姿勢は、当時の新日本プロレスの背骨でした。今も、ちんたら試合をしていると猪木さんがリングに上がってきてボコボコにやっていたことを覚えています。

猪木　そういうことをやったこともあったね。

前田　実は、自分がリングスをやっている時に、今女優の小池栄子の旦那やっている坂田亘が第一試合でしょうもない試合をして、控室でボコボコにしたことがあったんです。確か一九九五年五月の鹿児島での試合だったんですけど、あれを見て「前田ってなんてひどいヤツなんだ」って言われるんですけど、自分が入ったころの新日本プロレス、それより前はもっと凄かったって先輩から聞いていました。本当に第一試合でも第二試合でも第七試合でも、変な試合すると「何やっているんだ！」って猪木さんがプッシュアップで使う木製のバーを持ってきて、リング上で対戦している二人ともボコボコにして顔が腫れて、控室戻ってきたら大会終わるまでスクワットをやらせていたんですよ。だから、オレも坂田を控室で大会終わるまでスクワットを三千回、四千回やらせましたよ。そしたら外国人の控室で、外国人選手たちが「前田はなんてひどいヤツなんだ」って騒然となったんです。

その時、極真空手出身のウィリー・ウイリアムスが参戦していて、「前田がやってることは正しい。オレは大山茂師範に同じように不甲斐《ふがい》ない試合をやった時に殴られた。それで強くなったから感謝しているんだ」って言ったんですね。自分も猪木さんから厳しく指導されたからこそ、後の前田日明があると思っていたんで、坂田にも同じような指導をしたんですが、猪木さんは当時、自分たち若手選手にどんな思いで指導していたんですか？

猪木　リングに上がればレスラーはみんな、観客がどう見ているか、瞬間、瞬間の勝負なんだよね。そりゃ、考えてみるとシリーズが始まれば毎日、毎日、地方巡業で体の調子とか精神的な部分とか全力を出し切れない時もいっぱいあるんだろうけど、その時にプロとは何だろうっていう問いかけがなければいけない。要するに、どんな状況に置かれても、観客をビシッとつかんでこそプロじゃねぇかっていう。それができる選手とできない選手がいれば、できない選手には教えないといけないし、あるいは手を抜いているんじゃないだろうけど、かったるい試合があれば、そうじゃねぇだろって指導しないといけないからね。新日本プロレスは闘いなんだっていうことを体で示す意味があったよね。

前田　新日本だけじゃなくて、後年、リョート・マチダの試合後、ボコボコにやられましたよね？　あれは、確かリョートのデビュー戦で二〇〇三年五月に東京ドームで謙吾に判定勝ちした後だったと思います。

猪木　そうだったね。リョートは俺がブラジルでスカウトしてデビューさせたんだけど、この前、俺を訪ねてきて、「あれで目覚めて今があります」って言ってくれたよ。後にＵＦＣで世界チャンピオンになったからね。あいつは、俺が伝えたかった意味をよく分かっているなって思ったよ。

藤波さんが試合前から流血

前田　猪木さんからの指導という意味で、今、思い出したんですけど、タイガーマスクが出てきて、超満員記録が続いて三十何連戦ってハードな日程があって、みんなヘトヘトになって試合前の練習がチンタラなった時に、猪木さんが「お前らたるんでるぞ、来い」って言われたんです。そしたら、藤原さんが真っ先に猪木さんの前にパッと行こうとしたんで、自分が「藤原さん、どうして先に並ぶんですか？」って聞いたら、「お前ね、こういう時は一番最初に行った方がいいんだよ。後になるとだんだん、力が入るから」って言われて、二人でダッシュして猪木さんの前に行って「すみませんでした」って謝ると、バコーンって殴られたんですよ（笑）。そしたら、たまたま藤波（辰爾）さんが控室で用事があって出遅れて、一番最後になって、パカーン、パカーン、パカーンって三発やられて側頭部を切って流血したんですよ。それで、その日がテレビ生中継で、藤波さんはメインイベントで猪木さんとタッグマッチだったんですけど、入場した時から頭に包帯して、試合前から流血していたなんてこともありました（笑）。

猪木　そんなことあったの？　俺もひどいことするな（笑）。藤波も災難だったね（笑）。

前田は付け人もやってくれたよね？

学ぶことを覚える付け人制度

前田　自分は付け人としてはまったくダメでした（笑）。七月七日に入門して一週間も経たないうちに猪木さんの付け人をやれって突然言われて、当時は新弟子一人だったんで救急箱の係、タクシーの配車係やって、その上に猪木さんの付け人をやっていたので、何をやっていいかサッパリ分からなかった。自分の前が佐山さんだったので、一通りの付け人としての仕事を教えられたんですけど、洗濯しても半乾きのまま渡しちゃうし、新しい白いユニフォームをもらったら、赤いジャージと一緒に洗濯してピンクにしちゃったりとか……（笑）。毎日、失敗の連続でよく怒られていましたよ。そんな失敗ばかりしたダメな付け人だったんですけど、猪木さんは、まったく怒らなかったんです。
猪木　ハハハ……。あの当時、俺の付け人はみんな若い選手が交代でやっていたよね。あの付け人制度は、力道山が相撲から持ち込んだんだけど、あのシステムはいいと思う。俺もそうだったけど、日常生活の中で自然に学ぶっていうことを覚えるからね。

前田　おっしゃる通りです。自分はそれで失敗したんです。というのも、後にUWFをやった時に「付け人っていうシステムはどうなんかな？」って思ってやらなかったんです。それは、逆にダメでした。正直言って、それをやらなかったので、若い選手は人間的にも礼儀的にもダメになりました。自分は猪木さんと山本さんの付け人を務めさせていただいて、猪木さんの時は何も言われなかったんですけど、山本さんの時は言葉遣いから礼儀作法から毎日毎日ダメ出しで一個一個直されました。それがよかったと思っています。

猪木　俺も付け人として毎日、力道山に殴られてばかりだったけど、後になればよかったなって思う。人に学ぶことを覚えたよね。

前田　そうですね。自分は十代でプロレス界に入ったんですが、もし普通の社会にいたらそのまま社会人を経験しながら矯正されたと思うんですけど、レスラーとかスポーツ選手はそういう付け人時代がないと勘違いしますよ。今は総合の選手でも、話すと当たり前の礼儀を知らなくてビックリします。自分は今、不良少年の更生を目指して「アウトサイダー」っていう格闘技大会をやっているんですけど、不良の子たちは逆に言葉遣いとか礼儀はしっかりしているんです。おかしな世の中になりましたね、今は。

猪木　政治家もそうだけど、かつては師匠に学びながら成長する部分があったけど、今の若い議員さんは当選していきなり先生って呼ばれて勘違いする。そういう意味では言葉でいちいち言われなくても人に仕えることから身に付けることこそ大事じゃないのかな。今は教育の場でそういうのがなくなってしまった。

劣等感がスターを生む

前田　付け人時代に猪木さんの背中を見て学んだことは、猪木さんは何でもかんでもコツコツやるんです。連戦の最中でも、必ず朝は片道三〇分の道を往復走って帰ってきて軽くスクワットを三百、五百回やって、その後に朝食を食べてって、毎日やってましたよね。毎日、見えないところでコツコツ地道にやることの積み重ねの大切さを教えられました。

猪木　そう言われても、人から見ればコツコツやっていたと見えたかもしれないけど、自分ではそう思ったことはないんだよ。それが当たり前のことだと思ってやっていたからね。

前田　練習以外でもいつもカバンに本が入っていて、「こんな難しい本を読んでいるんだ」って驚きました。いつも猪木さんは何か本を読んでましたよ。

猪木　本を読んでいたのは、ひとつには俺の中には劣等意識があってね。「お前の生い立ちは何なの?」って常に自分自身に問いかけていた部分があったよね。別に学歴がすべてじゃないけど現実に中学二年の時に移民としてブラジルへ渡って小学校しか出ていないわけでね。だからと言って社会に劣等感とか誰に劣等感を持っているわけでなくても、劣等意識というものをいい風に捉えれば、それがひとつの発奮材料になるというか。俺にとっては、そういう意味で読書をして学ぼうという意識があったと思うよね。

前田　猪木さんをずっと見てきて、ご本人を前にして言うのも、失礼かもしれませんが、猪木さんの身に付けてきたものがひとつひとつコツコツ積み上げてきたものなんだなって感じることが多いんです。猪木さんって、特別運動神経が凄い人なんだっていう感じでもないですし、凄い怪力って人でもないですし、だからこそ、コツコツ、地道に積み上げてきたんだなっていう感じがします。

猪木　そういう意味では、世の中全体が劣等感はいけないっていうけれど、それとはまったく違う基準で俺は生きてきたよ。例えば学校でも昔なんていじめなんか当たり前の話で、その中で立ち上がっていくっていう世界が現実にあったと思う。いじめは悪いことに決まっているし、あまり社会的なことを言ってもしょうがないけど、これはいいとか悪いとかじゃなくて社会というか世間というシステムの中で叩き落とされた時に、その中でどう気づくかということなんだよ。誰かに「お前は、こうだよ、ああだよ」って手を差し伸べられたり、手を取って教えられるんじゃなくて、劣等感や苦しみの中からその人それぞれがどう気づくか、気づかないか。これは、生きていく中で重要だと思う。これは、その人の感性にもよるんだけどね。もしかすると、師匠の力道山も半島から来て、当時は差別が激しい時代で、そういう劣等感があれだけの戦後最大のヒーローと呼ばれるまでのプラスに変えたんじゃないかなって思うこともあるよ。

怖いって思ったことがない

前田　猪木さんが若い時の力道山との逸話で、先輩の北沢さんから前にお聞きしてびっくりした話があるんですけど？

猪木　どんな話かな？

前田　力道山が持っているクルーザーに猪木さんが乗って、大島だか新島まで行って帰ってくる時に、陸地から何キロも離れたところで、いきなり「オイ、お前こっから泳いで帰れ」って言われてクルーザーから落とされて、みんな死んだんじゃないか？　って心配したっていうんですけど、猪木さんは本当に泳いで帰ってきたっていう話なんですけど、本当ですか？

猪木　あれは、大島じゃなくて三浦岬だよ。昔は、クルーザーがおしゃれでね、東京湾から力道山が自分で運転して女の子を乗っけて船を出したんだよ。そしたら「お前、泳げるのか？」って言うから「はい。泳げます」って答えたら、そのまま「入れ！」って言ってドンッて落とされて、そのまま行っちゃった（笑）。

前田　何キロぐらい泳いだんですか？　陸地まで何時間かかったんですか？

猪木　何キロだったかなぁ……どうだろう。一時間半ぐらいかな。何しろ迎えなんか来ないんだよ（笑）。ひたすら泳ぐしかないっていうね。
前田　凄い話ですね（笑）。入れませんって言えないんですか。
猪木　言えるわけねぇじゃん。言われたことはやるしかないんだもん、全部。NOはないんだから絶対に。「行け！」って言われたらすべて「はい！」っていう世界だよ。今なら、ナントカハラスメントとか、毎日ワイドショーで騒がれている世界だよ（笑）。ただ、こういう話でもよく「怖くなかったんですか？」って聞かれるんだけど、これはもともと持った性格だと思うんだけど、俺の人生の中で怖いって思ったことがなくて、何事も「やるしかねぇや」っていう発想になるんだよ。政治家になって一九九〇年のイラクの人質解放の件も、当時は湾岸戦争で「あんなところへ行って怖くなかったんですか？」ってよく質問されるんだけど、怖いなんて思ったことひとつもなかった。逆にこれは俺の使命なんだって喜びを感じたよね。

ブラジルでは生きるのに精一杯だった

前田　そういう猪木さんならではの発想は、やはりブラジルでの生活が原点ですか？
猪木　そうだね。
前田　以前、自分はテレビ番組のロケでアマゾン川の流域に二週間滞在したことがあったんですが、その時、ジャングルを初めて見たんですけど、とんでもないところですね。一泊して翌日朝起きたら、コテージの芝生にこんなバケツぐらいの太さのアナコンダがいて、ペットだと思って首に巻こうとしたら手をかまれたんです。そしたら、日系人のコーディネーターの方が「野生のヤツだよ」って言うのでビックリしました（笑）。ジャングルの中には凄まじい木が生えていて、根は抜けないから油で燃やして抜くとか、現地の人は掘っ立て小屋で生活していて蛇は来る、ジーンズの上からでも刺す毒を持った虫やサソリはいる、衛生状態も儘《まま》ならないし、病気になっても医者は来ない……こういうところを、移民してきた日本人は頑張って広げていったんだなぁって思って、コーディネーターに開拓した当時の話を聞いた時に、「あぁ猪木さんもこうだったんだな」って思いました。ブラジルへ行った時は中学生ですよね？

猪木　そうだね。

前田　中学生で行って、家の人とコーヒー園で食うや食わずで働いていたんですよね。いくら家族と一緒に行ったとしても忍耐力がないと耐えられないなと思いました。

猪木　やはり、あのブラジルでの暮らしは俺の生きざまの一番のベースになっている。それと同時に旧移民の人はもっと生活がひどかったみたい。胡椒《こしょう》を作っている人たちは夜逃げして撃たれてしまうとかね。俺たちもコーヒー園で夜逃げしたら撃たれるという話もあってね。誰もがそういう経験をしろとは言わないけど、俺にとっては得難い経験だったと思うよ。

前田　アマゾンは自然と共存というか闘って耐えないと住めないと思います。

猪木　闘いも何も毎日、生きるしかないもんね。生きるのが精一杯だった。そこで、とにかく行動しなければ生きていけないっていうことを学んだよ。

馬場さんが師匠の鶴田には闘う心がなかった

前田　そういう生きるか死ぬかっていう闘う生活が猪木さんの原点で、そこがジャイアント馬場さんとの違いになっているんですかね。

猪木　どうだろう？　そこは分からないな。

前田　自分が新日本にいたころは、全日本プロレスと興行戦争とか言われてましたけど、自分は他団体のことを考える余裕はまったくなかったですね。そういうことを感じたり思い出したりしたのは後年、余裕が出てきてからですね。

猪木　俺は、眼中にないことはないけど、ある意味、合わせ鏡のように「あれじゃ、いけない」っていう部分で自分自身を見つめ直していたよ。昔は、マスコミとかファンも馬場さんと俺をライバル関係って言っていたけど、俺はライバルだと思ったことはないんでね。

前田　当時、全日本で覚えているのは、周りの知り合いでプロレスが好きな人から「新日本は試合前に練習しているけど、全日本は何もしてないよ」って言われたことぐらいですね。あと、亡くなった方なので、こういうことも言いたくないんですけど、後年、ジャンボ鶴田さんがどこかで「前田と試合をしてみたかった」って発言したことを聞いたことがあるんですけど、申し訳ないんですけど自分は全然意識してなかった。

猪木　俺は、あそこの選手に興味を持ったことはないけど、ただ新日本に来ていれば、もっと違う部分を出せるなって思った選手はいた。例えば天龍源一郎なんかは違ったと思う。今、ジャンボの話が出たけど、彼もいい人間には違いないけど、それよりも闘いの心がなかった。なぜかと言うと、ジャイアント馬場が先生だから。レスラーそれぞれに何を、どの形を好むのかっていうものがあって、それはショーマンプロレスを好むのか格闘技系が好きなのかっていうことでね。それは道場で練習している時にやりたい選手とやりたくない選手でハッキリ分かる。やりたくないのは、本当にやらなかったからね。そういう部分で馬場さんはショーマンを好んで、それが全日本のカラーだった。

異種格闘技戦に刺激された佐山サトル

前田　馬場さんがどうとか全日本がどうとかって、そんなもん眼中になくてもっと大きなものを猪木さんは目指していました……（ふと思いついたように）あっ、猪木さん、ひとつ聞いてもいいですか?
猪木　いいよ。
前田　自分が入門したころ佐山さんがキックボクシングの目白ジムへ通っていたんですが、佐山さんに目白ジムへ行けって言ったのは猪木さんですか?
猪木　あれは、行けって言ったのは俺かもしれないけど……あれは誰が考えたのかな?　新間かな。
前田　新間さんが行かせたんですか?　いや、なんでこれをお聞きしたかったかというと、佐山さんは自発的に目白ジムへ行ったようなことを言っているんですけど、自分の記憶の中では違うんですよ。あれは猪木さんか誰かが行かせたはずなんだよなってずっと思っていたんで確認したかったんです。
猪木　佐山は、キックボクシングの試合をやって、やられたけどね。
前田　一九七七年一一月一四日の日本武道館で行われたキックボクサーのマーク・コステロとの試合ですね。ただ、試合は負けましたけど、当時、キックボクシング界の人は「佐山は凄い。キックの日本チャンピオンをスパーリングでブッ飛ばしちゃうんだよ。藤原敏男や島三男にも全然ひけを取らない」って言っていました。
猪木　佐山は、グラウンドの寝技が好きじゃなくて、キックが好きだったよね。
前田　佐山さんは、後に総合格闘技の「修斗」を設立して総合格闘技の先駆けとなったん

ですが、その礎《いしずえ》は猪木さんの異種格闘技戦だと思います。あの時代に猪木さんが打ち出した異種格闘技戦が今に続く総合の礎になったと思います。

猪木　（黙ってうなずく）

プロレスへの差別と闘わなければならなかった

前田　がむしゃらにプロレスの強さを証明するんだと掲げてね。今になって武藤（敬司）なんかが猪木さんや自分たちの世代を評して「あの人たちは無意味に強くなろうとした」とか言っているけど、あいつは何も分かってないんですよ。というのは、猪木さんが新日本を旗揚げしたころ、プロレスってマイナスからスタートしたんです。世間からプロレスは「八百長じゃないのか」「ショーじゃないのか」「あいつら本当は弱いんじゃないか」って叩かれたんです。そういう差別とか軽蔑に「そうじゃないよ」って証明しなければいけなかった。その先頭に立って旗を振ったのが猪木さんだったんです。だから、当時の新日本は、みんな強くなるために練習したし、実際猪木さんは強かった。それで、誰もができるわけないって思っていた、当時の世界最高のボクサーであり格闘家だったモハメド・アリと試合までやったんです。半端な思いだったら、アリと試合なんかできないんです。猪木さんが築いた功績は、本当に絶大なものがあると自分は思っているんです。

猪木　プロレスこそ格闘技の集大成という看板でやったからね。だったら、やるしかないもんね。アリ戦の時は「やらないでいい」って言うのはいっぱいいたけどね。俺はシンプルだった。「アリが世界で一番強いっていうんだったら、やってやろうじゃん」って。試合の前も終わった後もいろいろ叩かれたけど、そんなのどうでもいいことで、アリ戦を含めて異種格闘技戦に挑んだ俺の思いは、そういう単純なことだったよね。

猪木さんが総合格闘技の火付け役

前田　自分は、これまでも今もいろんな人にいろんなことを言われるんですけど、ひとつだけ言えることは、自分は新日本プロレスに入った時は真っ白でした。ただひたすらに猪木さんから言われることを聞いて、それを守って必死に練習して生活していたんです。だから、今でも胸張って言えるのは、自分のプロとしての人生は、猪木さんの言われたことをそのまま真っ直ぐにやっただけです。これっぽっちも外れずに真っ直ぐにやっただけです。「UWF」でも「リングス」でも本当にバカ正直にやっただけです。それは「プロは強くないといけない」「プロは誰が見てもこれは凄いなって思われないといけない」「世界の格闘技の一流の選手と試合ができないといけない」っていう教えで、猪木さんから言われたことをそのままやっただけです。佐山さんも若手のころ自分に「猪木さんは、こういうことを言っているぞ」ってよく語っていて、そのまま猪木さんの影響を受けていましたから、そういう猪木さんの言葉が後の「修斗」につながって、自分は「リングス」になったんです。だから、今になって総合格闘技の発展に力を注いだのは、佐山さんがどうとか前田日明がどうとか誰がどうとかって議論するのは意味がなくて、すべては猪木さんの思いや異種格闘技戦から始まったことで、猪木さんがいなければ、今の総合格闘技はなかったし、プロレスは存続できなかった。猪木さんが総合格闘技の火付け役なんです。ただ、その中で自分自身がひとつだけ自慢することがあるとすれば、総合格闘技という言葉を作ったことです。

猪木　やはり、アリ戦というものは俺の中でもある部分の原点でね。あの試合で学んだことは、人は誰かに評価してもらいたいっていう欲があると思うんだけど、そういう評価されることの大切さよりも、やること、つまり挑戦することの大切さっていうものがあることを教えてもらったよね。あの試合があったから「アントニオ猪木」の名前が世界に出て、その後、政治家になってからも外交でキューバのカストロさんとの会談とか、それこそイラクの人質解放の時でもどれだけ役に立ったか分からないよ。

極真のヤツらと場外乱闘したウィリー戦

前田　やってみなはれの精神ですよね。自分自身を思い返すと世間知らずな真っ白な少年がプロレス界に入ってきて、いろんな人が一八歳の前田日明にいろんな色をつけたんですけど、一番最初に一番大きな色をつけたのが猪木さんですね。そこからそのまま今に至るまで生活しているっていう感じです。ですから、後年、UWF、リングスと自分で団体をやった時にいつも進退が窮まって「これどうしようかな？」って思うことがあったんですが、「あっ、猪木さんだったらどうするんだろうな？」ってよく考えました。特に「リングス」の時はそうでした。だけど、「猪木さんだったらどうするんだ？」って考えた時に出した答えが正解だったりしたんです。

猪木　そう言ってくれると嬉しいね。ところで、俺の試合で覚えているのってあるかな？

前田　自分は、入門して初めて合流したシリーズが一九七七年のアジアチャンピオンシリーズだったんです。その最終戦が八月二日の日本武道館で、猪木さんがザ・モンスターマンと異種格闘技戦で戦った試合だったんです。この時、佐山さんとセコンドをやって、当時、袋に入った冷却剤でバンッて叩くと一瞬で冷える瞬間冷却パックがあって、それをラウンドごとに渡す係だったんです。だけど、自分は初めての体験だったんで、ラウンドごとに焦りまくって、袋を叩く時に力強すぎて破裂させて佐山さんに怒られました（笑）。なので、すみません、試合は見ている余裕がなくて後からテレビで見たんですけど、猪木さんの試合で思い出すのは、その時のモンスターマン戦ですね。

猪木　モンスターマンは、蹴りが凄かったなぁ。絶対に届かないだろうって思う遠いところからシュシュシュシュッて感じで伸びてきてね。あの蹴りは今でも覚えているよ。

前田　あと覚えているのは、一九八〇年二月二七日の極真空手のウィリー・ウイリアムスとの異種格闘技戦です。あの時は、試合前から極真の門下生が新日本の事務所に脅迫電話をかけてきたり、殺伐とした雰囲気で試合当日を迎えて、自分たち合宿所組は会場の蔵前国技館に昼の一二時に入って、全員で手分けして会場に極真側が凶器を隠してないかってイスの下まで全部チェックしたんです。試合の時は、セコンドで入ったんですけど、猪木さんとウィリーが闘っているリング上そっちのけでウィリーのセコンドで来ていた極真のヤツらと場外乱闘してました（笑）。バチバチやったんですけど、リングに乱入しようとしていたヤツらがいっぱいいいたんで、あれぐらいやらないと試合がグチャグチャになってました。

猪木　あの試合は、闘っている俺たちより周りが熱くなったことを覚えているよ。

「過激なプロレス」とはどんなものか

前田　猪木さん、自分と対戦したことを覚えてますか？

猪木　対戦したのは……どうだったかなぁ。プロレスの話は苦手なんで（笑）。あまり覚えてない。

前田　自分は一九八二年二月に武者修業でイギリスへ行って翌年の八三年四月に帰国したんですが、次のシリーズが第一回ＩＷＧＰで、そのシリーズの五月二七日に高松で対戦させていただいたんですけど、自分としては物足りなかったんです。

猪木　そうか。

前田　あの当時の猪木さんは「過激なプロレス」って言われていて、自分もそれがどんなものかなって思って「頑張らないといけない」ってリングに上がって当たったんですけど、強く当たれなかったんです。それは、自分はイギリスへ海外遠征に出されたんですけど、当初は三年行く予定が猪木さんの体調が悪いからとかいろんなことを言われて一年で帰国したんです。自分としては海外遠征っていろいろな人と試合をやってデータを積むためだと思っているんです。

猪木　うん。

前田　例えば藤波（辰爾）さんなんかは、五、六年行ったと思うんです。それぐらいキャリアを積んで戻ってこなくてはいけないのに、自分の場合はたった一年でしたから、そのキャリアがなかったんです。だから、猪木さんが自分に対してもっと厳しく来て引っ張ってくれて、そこを追いかけないといけなかったんですけど、あの時の自分のレベルでは追いかけられるレベルではなかったんです。

猪木　それも、成長するためのひとつのいい経験だったんじゃないかな。

前田　その後、自分は一九八四年三月にユニバーサルプロレスへ行くために新日本を退団することになるんですけど……。

猪木　ユニバーサル？

前田　ユニバーサルは、四月一一日に大宮スケートセンターで旗揚げしたんですけど、あの団体ができたのは、猪木さんが当時、バイオテクノロジーの先駆けと言える「アントン・ハイセル」で事業がうまくいかなくてどうのこうのって……いろんな話があったことからつながっていると思うんですけど、今となっては自分も、話が複合的に絡みあって何が本当なのか分からないんです。あまりその辺のお金の話は興味がないし、当時、自分は、末端の若い選手だったんで真相は分からないんです。

猪木　その辺の経緯は、俺は全部、人任せだから、詳しいことは知らないんだよ。多分、当時、俺の周りにいたみんなが勝手に動いたんじゃないのかな。

ユニバーサルプロレスをめぐる人と金

前田　ただ、ユニバーサルに関して自分が知っていることは、あの当時、新日本は、後に格闘技のK－1がフジテレビと日本テレビの両テレビ局で放送されていたように、テレビ朝日だけじゃなくてフジテレビでも中継をしようとしていたんです。というのも、当時の新日本は金曜夜八時の生中継で裏番組の刑事ドラマ『太陽にほえろ！』に視聴率で勝っていたんです。それで猪木さんと新間さんがテレ朝に放映権料を上げるように交渉したら、それがうまくいかなくて、それでフジテレビに「ユニバーサルプロレス」っていう新団体を作って二局で放送しようと話を持っていったんだと思います。放映権料が上がらないから選手のギャラも上げられなくて、選手は当時、不満を言ってましたよ。

猪木　フジの話は多分、結果的にケツは俺がぬぐわないといけないみたいな感じだったと思う。ただ、俺の中では、あまりそんなの気にもしてないから「みんなうまくやればいいじゃない」っていうぐらいの発想でね。その中で、いろんなヤツがいろんなところでいろんな思惑で動いたんじゃないかな。

前田　それで、これは後から分かった話なんですけど、自分は当時、空手やっていた時の師匠がマネージャーをやっていたんですけど、そいつが猪木さんと新間さんに呼ばれて

「ユニバーサルへ行って欲しい」って頼まれて、その男は支度金をもらったんですけど、全部、そいつがポケットに入れて自分は一銭も入らなかったっていう。

猪木　いい先生が付けばよかったけど、何だか分からない、選手を食い物にするヤツがいっぱいいるんだよね。

前田　当時の自分は若手ですから、上の人から行けって言われたらNOはないですから、それでユニバーサルへ行ったんです。最初は新間さんが中心にやっていたんですけど、辞められて、その後、第一次UWFっていう時代になるんです。

猪木　うん。

自分は猪木さんのコピーなんです

前田　その時に髙田（延彦）を通じて猪木さんから「新日本へ帰ってこい」って言われたんですけど、自分はその時に練習生もいましたし、一緒に付いてきてくれたフロントもいたので、自分だけ戻るわけにはいかないって思って新日本に戻ろうとは思いませんでした。

猪木　いろんな流れがあって、新日本を出ていったと思うけど、それはそれで、人それぞれの生き方だから俺は否定はしない。前田もそうだし、長州（力）たちとか、出て行った選手はたくさんいたけど、例えば仮に俺が引き留めたとしても、人がやるって言えばやるんでね。だから、俺は「あいつは悪い」とか言ったことはないんでね。人それぞれが自分の道を生きていくんだから。ただ、長州たちが出て行った時に「大掃除ができた」みたいなことを言って、知り合いの社長に「猪木さん、あんなことを言っちゃいけないよ」って注意されて、「あぁそうだな。余計なことを言ってしまった」とちょっと反省したことはあったけどね。

前田　それで第一次UWFは、藤原さんとかいろんな仲間が「前田一人にしたらかわいそうだ」って言って来てくれたんです。自分は、その思いにすごく義を感じて、一緒にやってくれる彼らが飯を食えるようにしないといけない、みんなをどうやったら生活していけるようにできるんだろうっていうことだけを考えていました。そのためには自分がUWFの中で目立たないといけないし、影響力もなければいけないし、そのためにはどういう態度で何を発言すべきかっていうことがすべての言動の裏側にあったと思います。そこを意識していました。ただ、そういう行動の原点は、先ほども言いましたけど、一八歳の真っ白な自分に色をつけた猪木さんからの教えなんです。だから、自分は猪木さんに教えられたそのままを動いただけなんです。自分は猪木さんのコピーなんです。

猪木　コピー？　だったら拡大してみてよ（笑）。

「アントニオ猪木なら何をやってもいいのか」の真意

前田　いやあ……（苦笑）。その後、ＵＷＦが活動停止になって八六年から新日本プロレスに戻るんですけど、あの時は、ＵＷＦのような前座の集まりみたいな選手ばかりの団体で実験的な試合をやって、格闘技プロレスだとか今までのプロレスと全然違うって言われて、後楽園ホールがいっぱいになったわけじゃないですか。だから、新日本プロレスに戻ったら新日本プロレスの人員と資金力とかいろんなことをもってすれば、さらにプロレスが変わるんじゃないかって思っていた。それが当時の自分の考えだったんですけど、今、振り返ると、あのスタイルのプロレスは、誰でもできるかって言うとできないんですよね。できない選手もいるんです。じゃあ、その人たちの生活をどうするんだ？　って考えると、当時の若い自分は「そんなの知ったこっちゃない」って思ってましたけど、猪木さんの立場だと言えないんですね。ということは、だから自分が考えていたプロレスは、できないんですよね。だけど、当時は、できないというその部分に対して猪木さんに「なんでだ？」って強く思いました。その中で新日本プロレスに飲み込まれてもダメだし、ちゃんと自分たちの立場をはっきりしないといけないし、自分たちの生活をつくらないとダメだし、それにそった発言をしようとしたし、それにそった行動をしただけなんです。そのやり方は猪木さんから来たんです。その中でマスコミを通じて「アントニオ猪木なら何をやってもいいのか」って発言をしたこともあったんですけど、あの言葉は当時の自分のそのままの思いでその言葉通りでした。「どうして、俺たちがやりたいプロレスをやってくれないんだ！」って、とにかく猪木さんに憤っていました。だけど、今になれば、一番上に立つ人間は下の者の生活を保障してやるっていうのが一番大切なことなんで、猪木さんの思いも理解できるんです。

猪木　みんな精一杯だったよね。自分が闘うことが精一杯で。俺なんか立場上、新日本っていう会社になって選手を育てなければ自分が楽できないというか、そういう興行全体を考えなくてはいけない部分があって、なかなかその思いを伝えることができないこともあったと思う。

前田　はい。

あの時は、みんな熱かったよな

猪木　だけど、あの時は、熱かったよな。よかったじゃないか。熱くてさ。いいとか悪いとかじゃない。みんなそれぞれの人生の中で「この野郎！」って燃えることってそうないと思うけど、俺も熱くなれたし、あの熱さって大事でね。ある意味、プロレス界が下火になったりすると、その都度新しい火を入れないとプロレス界が盛り上がっていかない。
前田　自分が熱くなったっていう部分で、新日本に戻って最初のシリーズの最終戦で藤原さんと猪木さんが両国国技館で対戦した時に藤原さんが負けて、試合が終わった後に自分がリングに上がって猪木さんのアゴを狙って蹴りを入れたんです。
猪木　あったね。
前田　左のハイキックだったんですけど、そしたら蹴りがアゴに当たる瞬間に猪木さんがジャンプして、アゴに当たらないようにした。あれにはビックリしましたね。蹴ってて「ウワッ！　ジャンプした」って思って、あのタイミングで「ジャンプするって凄いな」って驚きました。だって、自分は蹴った瞬間に絶対、アゴに当たって猪木さんはKOだって確信していたんですよ。だけど、ピョンッて飛んで首に当たった。あれは今でも信じられないです。
猪木　そういう熱い思いを、その時に受ける側だって熱くならないといけないからね。「はい、蹴りを受けました」っていうわけにはいかない。だけど、前田たちとの試合は、別にこっちが仕掛けて熱くしたわけじゃないけど、その時の偶然の流れの中でファンが感じてくれた部分が大きかったな。
前田　ただ、猪木さんとシングルは実現しなかったですね。
猪木　あれは、俺が前田に蹴られたからね。意地悪な蹴りを食らったからじゃない（笑）。

前田　さっき言った、藤原さんの試合後の蹴りですか？　自分で言うのも何ですけど、今でもあの時の写真を見たら我ながらきれいなフォームで蹴っているなって思います（笑）。顔に当たったらエライことになったなって思います。ただ、猪木さんとのシングルはなくてよかったですよ。あったとしてもどうなったか分からないですよね。

猪木　ないからこそ語れることってあるからね。

長州力の顔面を蹴って新日本を解雇された

前田　それから二年ぐらい新日本にいたんですけど、八七年一一月一九日に後楽園ホールでの試合で、自分が長州さんの顔面を蹴って解雇されたんです。

猪木　長州を蹴った時のことは覚えてないな。

前田　あの長州事件の時、自分がはっきり覚えているのは、マスコミは猪木さんから解雇されたって報じたんですけど、実際はテレビ朝日から出向していた当時の辻井博専務から解雇されたんです。辻井さんに呼ばれて「お前に裏切られた」みたいなことを言われて、それでクビになったんです。だから、あの時の新日本の最高権力者は辻井さんでした。

猪木　アリ戦で何十億っていう借金を背負ってしまって、テレ朝の三浦甲子二《きねじ》専務と話し合って、そこから異種格闘技戦が始まってね。一回の放送権料が六千万円とか何とかで借金は二年ぐらいで返したんじゃないのかな。ただ、そういう中でテレ朝から役員が入ってきて、新日本の体制が変わっていったのは事実だよ。

前田　新日本をクビになって、最初はフロリダのカール・ゴッチさんのところでも行って、しばらくそこで暮らして、生活するために試合が組まれればと思っていたんです。そんな時に、懇意にさせていただいていた「マザーエンタープライズ」ってハウンド・ドッグのマネージメントをやっていた芸能事務所の福田信さんから「異種格闘技戦みたいなことやりませんか?」って言われて、自分は、大阪の実家に仕送りしていたんで、何かやらないといけないって思って、マザーの人やニッポン放送が協力して新生UWFを八八年五月に旗揚げしたんです。そこから自分で興行をやるようになっていきました。

猪木　興行の在り方っていう意味では、俺の場合はデビュー戦で大木金太郎さんに負けて、同じ日にデビューした馬場さんは、誰がどう見ても勝てる田中米太郎さんと対戦して勝ったのを見た時、一七歳の俺は何事にも「負けてたまるか。そうはいかない」って熱くなっている時だったんだけど、プロレスは勝負だけじゃないというか「興行っていう、こういう部分があるんだな」って気づいてね。そこから興行の在り方というかそういうものを自分なりに追い求めてきたよね。

太く長く生きて、世界を変える

前田　新生UWFは、格闘プロレスとか言われてブームになったんですけど、自分は、前にも言いましたけど、猪木さんから一番最初に「プロレスはこうでなければいけない」って言われたことをそのままやっただけなんです。猪木さんのコピーとしてUWFをやっていました。

猪木　そう言ってくれるのはありがたいんだけど、俺は、プロレスは自分の中でベースには違いないんだけど、それよりも事業欲というか世界を驚かせたいっていう、そっちの方に目が向いてしまっていたんだよね。それは今も変わらないんだけどね。おかげさまで今はプラズマっていう、これを使って世界のゴミ問題を解決したいっていう夢に燃えているんだよ。

前田　猪木さんがプロレス以外の事業に熱心だったのは、当時も今もそういうものなんだと思っていました。世間知らずで真っ白だったんで初めて見るものの聞くものが基準でした。猪木さんの事業への欲というか思いってずっと変わらないじゃないですか。それは、いい悪いじゃなくて真っ白で純粋なんだと思うんです。それで、そういう人が歴史に名を遺すんです。疚《やま》しくてよこしまで利己的なことばっかり考えているヤツは、どっかで馬脚を現して真実に傷つくんですよ。この年になって猪木さんから何を学んだかっていろいろ考えるんですけど、単純に言えば「太く生きたからといって人生が短いとは限らない」、それがまさに猪木さんです。「太く短く――」っていうたとえは嘘で、太く生きたからって人生が短いとは限らないんです。それが猪木さんから教えられたことです。実際にこうやって世界中見渡してみたら、歴史も含めて太くて短い人たちがドラマになるって思いがちですけど、本当のドラマになる人たちは太く長くなんです。

体はボロボロだけど、魂は変わらない

猪木　人間は、いろんな経験をもとに人生観をそれぞれ持っているんだけど、喜寿を迎えた今はいろんな人から、ありがたいことなんだけど「百歳までがんばってください」ってよく言われる。だけど俺は「なんで百歳まで生きないといけないんだ」って思うんだ。元気で百歳ならいいよ、だけどただ生きているだけで百歳になって何の意味があるんだって考えるんだよね。古希の時にこれほど体が痛めつけられて「もう楽させてあげるよ」って思っていたら、喜寿になってしまった。自分の体と向き合った時に自分の体に「またお前に嘘言って悪いな」って語りかけたぐらい俺の体はボロボロなんだけど、ボロボロの中でも、大事なことは自分なりの心というかその精神っていうか、今なら「プラズマで世界の

ゴミ問題を解決したい」っていう大義を掲げて世界を驚かせたいっていう魂だけは、変わらないんだよ。これは俺の人生観だから、人はそれを「凄いですね」って言うかもしれないし、そうじゃないかもしれない。他人がどう言おうがどう思われようが関係ない。これが俺の人生観だから、そこだけは何歳になろうが譲れないんだよ。

前田　だから、猪木さんは一七歳でブラジルから真っ白な形で帰国して、力道山から色をつけられて、時を経るごとに猪木さん自身が新しいチャレンジを重ねていかれたんだと思うんです。その中で前田日明っていう真っ白いヤツがいて今度は猪木さんに色をつけられて今があるんです。

猪木　こうやって話をすると、前田も含めて俺から見たらみんな弟子で、親が自分の子供をいくつになっても子供だと思うように、今も弟子たちのことは若く思っちゃうんだけど、みんなそれぞれ、それなりの経験をしてそれなりの人と付き合って成長してきたんだなって感じるよ。

前田　ありがとうございます。

昔は力道山が夢に出てきて必ず怒られていたけれど……

猪木　プロレスは、日本においては力道山という一人の象徴がいて、リングの中で空手チ

ョップに闘魂という精神を込めて一世を風靡《ふうび》した。事業にもセンスがあった。戦後、力道山が街頭テレビに登場した時のインパクトは、有名な野球選手もいたけど比じゃない。その力道山遺伝子をどうやって俺は継いできたのかなって考えるんだよ。引退したレスラーやケガをした選手の補償という面で、俺がもうちょっとプロレス界をきちっとまとめるべきだったという思いもある。最近は、師匠は夢に出てこないけど、昔は必ず出てくるといつも怒られてね。目が覚めると「こんなんでいいのかな」って思ったこともあったよね。ただ、今日、こうやってしゃべって、俺が力道山という源流から受け継いだ魂の遺伝子は、前田にもつながっていたんだなと分かって嬉しく思うよ。

前田　自分も猪木さんといろんなお話をさせていただいて、充実した時間を過ごせました。

猪木　ところで、これからの夢は何なの？

前田　夢ですか……あぁ（一八秒間、沈黙）。一人ぐらい後に続くヘビー級の選手を育てたいですね。現役やっている時は若い選手に教えようって気にならなかったんで。

猪木　子供はいっぱいいるらしいけど、早く弟子をつくってよ。いい弟子をさ。

前田　頑張ります。子供はいっぱいいって……（笑）。二人ですよ。下の子はまだ四歳ですよ。大学卒業したら自分は八〇歳なんで、しばらくは頑張って稼がないといけません。

猪木　頑張って！　今日はありがとう！

第6章 元妻、娘、息子へのメッセージ

倍賞美津子と、娘の寛子と。右は当時のブラジル大統領フィゲレイド（写真＝原悦生）

リングで闘う俺を、裏側で支えてくれた家族がいた。三度、結婚して、出会いもあれば別れもあった。妻、娘、息子への思いをしたためておきたい。

娘・文子はわずか八歳で逝った

昭和四八年、娘の文子を亡くした。

亡くなった時は、新日本プロレスを旗揚げして二年目、俺は三〇歳で無我夢中で突っ走っていた。ずっと離れて暮らしていたから、正直言えば、それほど感傷的になることはなかった。

娘が逝ったことは、亡くなった後になって知らされた。

アメリカのモンタナ州に住んでいた、文子にとっての祖父が末期がんで余命いくばくもないってことを聞いて、最後のお別れに母親と一緒に住んでいたハワイからモンタナまで祖父に会いに行った。

帰りは、オレゴン州のポートランドの空港からハワイへ飛び立ったら、文子が機内で「お腹が痛い」って苦しんで、体調が急変してそのまま機内で亡くなったと教えられた。

病名は小児がん。たった八歳の命だった。

何かしてやれたのではという後悔

当時は感傷的にはならなかったが、年を重ねるごとに、時々ふと娘のことを思い出すことがあってね。

昭和四〇年に生まれたから、生きていたら今年で五五歳になるのか……。あれもしてやればよかった、これもしてやればよかった、もうちょっと何かをしてあげられたのではとか……いろんな悔いが巡ってくる。

後悔には、やったことの悔いとやらなかったことの悔いの二つがあると思う。何もやってあげられなかった文子の死は、俺に後悔しない生き方を教えてくれたと胸に刻んでいる。

惚れられて始まった同棲

文子の母親だったアメリカ人のダイアナ・タックとは、アメリカ武者修業中の昭和四〇年、ポートランドで知り合った。何かのパーティーに招待された時に日系人レスラーのディーン樋口さんに紹介された。

学生時代にチアガールをやっていて、スパニッシュ系の黒髪が目立つ美人でね。目立つといっても化粧が派手とかそういうのじゃなくて、自然な感じで割と男性にもてるタイプの女性だったと思う。俺が付き合ってきた女性は、学生時代にスターだった女性が多くて、ダイアナもそうだった。

自分で言うのも何だけど、付き合うきっかけは、向こうに惚れられてね。当時、アメリカ人が日本人に惚れることはあまりなかったんだけど、惚れられたんです。

それから同棲生活が始まって、テネシーを転戦していた一二月に娘の文子が生まれた。名前は、母と同じでね。娘には母のような女性になって欲しいとの願いを込めた。

人の参考にはならない人生

武者修業を終えて帰国する時は、一緒に日本へ連れてきた。ただ、婚姻届は提出しなかった。婚姻届を提出しようとしまいと紙っぺら一枚の話にすぎず、子供もできたし事実上の夫婦であることには変わらないって思ってね。

そんな具合に、けじめというか世間体も気にしなかった。考えてみると、俺はいい加減な人生だなって思う。だから、俺の人生なんて、人の参考にならないと感じるよ。

帰国すると豊登さんに誘われて東京プロレスを旗揚げしたころだったから忙しくて、私生活とか気にしている暇もなくなった。

それでも、野毛に家を買って家族三人で住むようになったんだけど、相変わらず俺は多忙でバカな遊びもやったりして、ダイアナは愛想尽かして出て行った。

それが文子が五歳の時でね。娘とはそれっきりだった。

養育費を必死で送った

別れた後、ダイアナと文子はハワイで暮らして、俺も当時は日本プロレスへ復帰していたけど、東京プロレスで失敗した借金とかが苦しい時期でね。

振り返ってみたら苦しい連続なんだけど、そういう時にダイアナから金を送ってくれって連絡があって、俺も大変な時期だったけど彼女も大変だろうって思って、一千万、二千万って、養育費を必死になって送った。

ダイアナとは同じ年齢で、俺と別れた後、再婚はしたと思うけど、もう連絡はない。もしかしたら亡くなったかもしれない。

倍賞美津子の輝きが助けてくれた

初めて結婚した女性は、女優の倍賞美津子だった。

映画の世界で輝いていた倍賞は、俺とは異質の世界で生きてきて、いろんな刺激を与えてくれた。

昭和四六年一一月二日に京王プラザホテルで結婚式を挙げて、当時は「一億円結婚式」って話題になってね。俺は何でも派手なことが好きだったから、どうせやるなら「一億」って、話題になることをやりたいって、わざと金をかけてね。最初は、一億円も行かないと思っていたんだけど、引き出物とか、いろんなもので経費がかかって本当に一億かかったと思う。

ところが、結婚して一か月後に日本プロレスを追放されて、新日本プロレスの旗揚げという荒波にいきなり倍賞も飲み込まれてしまった。本当に苦労をかけた。

新日本を旗揚げしたころは、側近に経理を全部、任せていたから、俺は指示を出すだけで肝心の帳簿のチェックを怠っていた。知らないうちに借金を背負って、彼女を大変な目に遭わせてしまった。

そんな厳しい時代だったけど、救われたのが彼女の明るさでね。例えば、会社の宴会なんかがあると、その場をひとつにまとめて盛り上げる能力なんかは凄かった。あの輝きは、俺を何度も助けてくれた。

女房にまで借金を背負わせたくなかった

倍賞とは、昭和六二年一〇月二日に離婚届を提出した。

その前に俺の浮気報道が写真週刊誌に出たりしたけど、離婚の原因はそのことではない。いくらか覚えてないけど借金があって、俺の側から言えば、もうこれ以上、借金を女房にまで背負わせたくない、すべては俺が背負って責任は自分で取るしかないなということで、別れることを決断したんだ。

離婚協議でいびきをかいて居眠り

そういう状況だから夫婦ゲンカもしていない。ただ、ケンカはしなかったんだけど、離婚の協議の最後の席で、向こうの兄弟と母親を呼んで家族で話し合っている時、俺がいびきかいて寝てしまって、それを倍賞にすごく怒られてね。

そんな大事な話し合いで居眠りしてしまうぐらい、当時の俺は毎日大変だった。だけど、離婚協議の時に居眠りするという非常識な姿に、倍賞は最終的に愛想を尽かしたんじゃないかな。

今も頑張っている倍賞美津子は戦友

今も俺の周りには、倍賞のファンが多くて、最近はよく彼女を呼んで飲み会をやっている。きっかけは、友人で作家の村松友視さんと食事していた時、村松さんが「今度、誰かゲストを呼びましょう。まさか、倍賞さんはダメですよね」って言われて、倍賞に電話したら来てくれてね。

会うと、昔話や女優としての我々が知らない世界の話を聞いたりするけど、今となっては、あの時、大変だったなっていう昔話が多いかな。

彼女も大病を乗り切って今も頑張っている。その日、その日を元気で生きてくれればいいなって心から思う。俺も今も元気で頑張らせてもらっているのはありがたい。

俺にとって、倍賞は戦友だと思っている。

子供たちには世界に羽ばたいて欲しかった

倍賞との間に生まれた娘の寛子には、世界へ羽ばたいて欲しいという願いがあった。寛子は、私も倍賞も多忙で家を空けることが多かったから、倍賞の両親に面倒を見てもらった。寛子は祖父と祖母に本当に育てられたと言ってもいい。

俺も倍賞も教育には無頓着で、とにかく世界を見て欲しいという思いだけで、英語が大切だということから、アメリカンスクールへ入れた。そこからアメリカのボストンへ留学した。

彼女は、一生懸命にアメリカで自立して、今も本当に頑張っている。俺にとって孫も二人いて、上の子は水泳選手で下は体操選手で頑張っているから将来が楽しみだ。

息子とは連絡を絶たれた

平成元年六月、四六歳の時、二番目の妻と結婚した。当時は参院選への出馬を表明した真っただ中で、翌七月の選挙に当選して国会議員になった俺を支えてくれた。

結婚した翌年の平成二年三月に長男が生まれた。彼女は完璧な教育ママで、子供の教育に熱心だった。早くから世界を見せたいという思いで俺たち家族は子供のためにアメリカへ移住してね。それはそれでよかった。

その後、離婚して、今は縁が切れて、息子とは連絡を絶たれた状態でまったく会っていない。それも運命でしょうがないことと納得している。聞くところによると、コロンビア大学を首席で卒業して、スタンフォード大学から奨学金付きでスカウトされたという。

今後どうなるか。ぐれたっていう話は聞いてないんで、息子は息子で自分が信じる道を歩いて欲しいと願っている。

俺は教育者タイプではない

子供たちのことを思うと、俺は父親としてあんまり教育者タイプじゃないと痛感する。

それは、自分が歩んできた道を振り返ると、亡くなったじいさんから授かった言葉はあるけど、プロレス界に入ってから、まともに人から教わっていないことが影響しているのかなと思う。

それでも俺は、自分なりにたくさんの本を読んで学んだり、人との出会いで刺激を受けてきた。

本当の教育は生きる強さを教えること

そういう意味で、教育って、学校や塾で教わって計算ができたりということも大切だけど、もっと大事なことは生きる強さを身に付けさせることじゃないかと思う。

小泉純一郎さんが拉致被害者の帰国で北朝鮮へ行った時を振り返って、「ここの国民はどんなに制裁をかけても草の根を食べても生きていく」と言ったことがあった。これは、いいか悪いかは別にして、人間の根本的な強さを表現していたのだろう。

日本も戦前、戦中、戦後直後を生きた世代は、労働して汗をかいて食べるご飯のうまさを知っていると思う。それが生きていく喜びであり強さであってね。

あえて俺流に言わせてもらえば、本当の教育って、そういう生き抜く強さを教えることじゃないかな。

俺の子供たち、そして今の時代を生きるすべての子供たちに、生きる力を持って欲しいと思う。

第7章

妻・田鶴子の愛と生きる重み

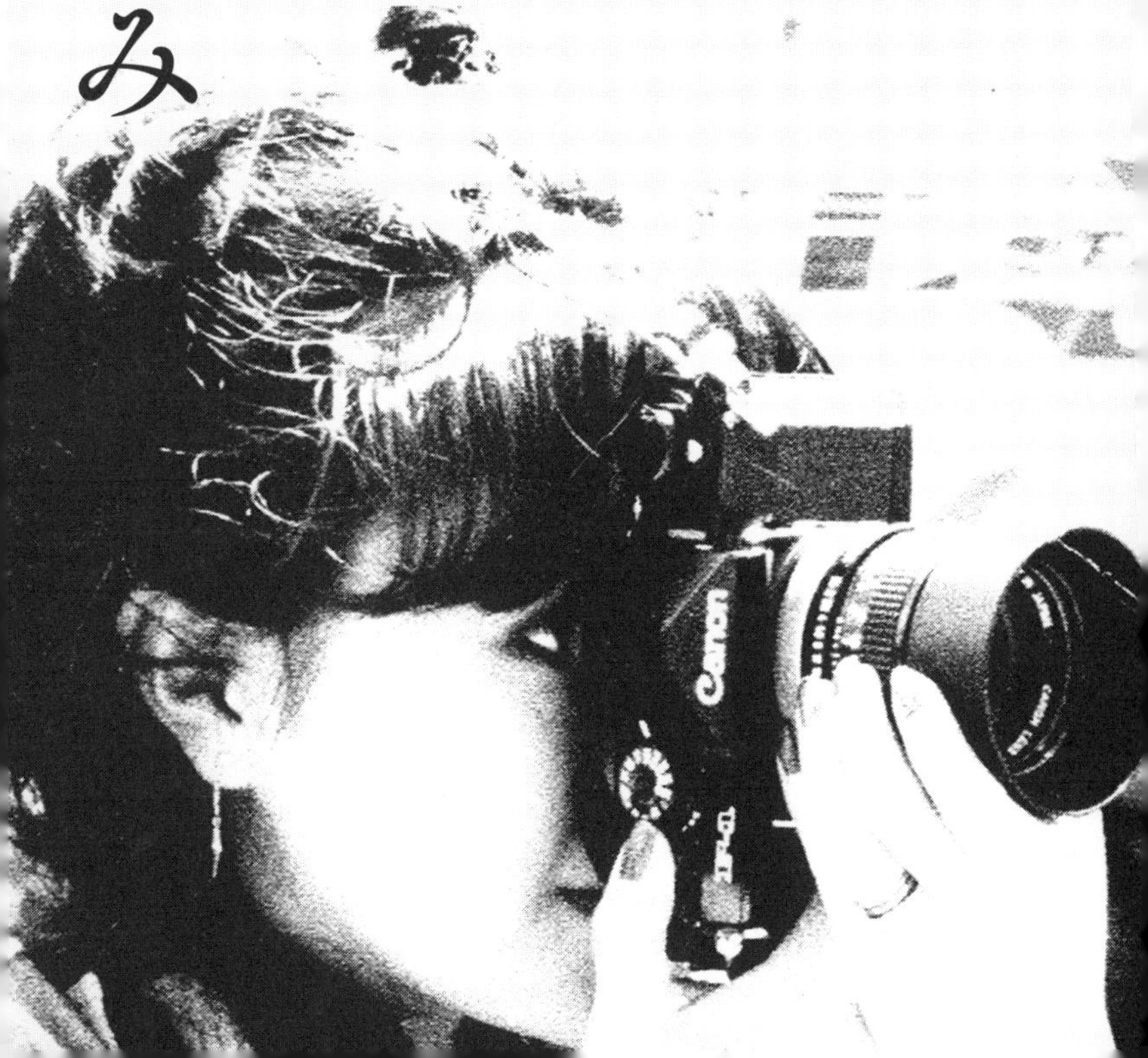

在りし日の妻・田鶴子

令和元年八月二七日、妻・田鶴子（旧姓・橋本）が六二歳で逝ってしまった。

死因は膵頭《すいとう》がんで、六年間も闘病生活を送っていた。

妻は俺のために、まさに命をかけて支えてくれた。

突然の別れから早一年近く、彼女との思い出、彼女への感謝、最後に教えてくれたことを書き残しておきたい。

気がつけば、いつも傍にいた

彼女は日大芸術学部写真学科を卒業したプロカメラマンでね。付き合いが始まったのは、現役を引退した翌年の平成一一年で、俺の写真集を出す時に撮影をお願いしたことがきっかけだった。

「どこが好きでしたか？」とか訊かれると難しくてね。正直言えば、好きとか嫌いとかじゃなくて、北朝鮮に行く時も、いつの間にか彼女が俺の後ろをずっと付いてきてね。東京ドームの引退試合の時も、別にこっちは許可してないんだけど、控室の中に入ってきて、写真を撮っていた。普通なら、外の人間を試合前の控室には絶対に入れないんだけど、なぜか俺も、彼女ならいいやって思ってしまって。気がつけば必ず傍《そば》にいる人になっていた。

井戸のように、どこまでも深い愛

彼女も俺の傍にいることが自分のすべてだと思っていたようでね。つまりは、俺は彼女に惚れられて惚れられて、付き合うようになった。

彼女の思いを「愛」と表現するなら、その愛は生半可なものじゃなくて、その深さを井戸でたとえたら分かりやすいんだけど、掘っても掘っても水が出てこなくて、「この井戸はどこまで深いんだよ」って驚くほどの深さだった。

俺に嫌われたくなくて健気に支えてくれた

仕事面で彼女はマネージャー、平成二五年に二度目の参院議員になってからは秘書を務めてくれて、公私共に支えてくれた。

こんなこと書くのは照れくさいんだけど、いつも俺に嫌われたくないっていう、その一心で必死になってくれた。

例えば俺は美味しい物が大好きだから、日本全国を探し回って、「あそこの蕎麦《そば》がいい」「ここの肉が美味しい」なんて探してくれて、現地まで連れて行ってくれたりね。今、振り返るといい思い出だ。

一方で彼女なりの考えで、俺を守るためだったと思うけど、俺に人を寄せ付けなかったところがあった。昔から親しい人が急に来なくなってね。議員に戻ってからは特にそうなって、「あの人、なんで最近、来なくなっちゃったのかな?」って、俺なりに寂しい思いもあった。

俺は、いつでも誰にもオープンで気にしない性質だから、人を寄せ付けないというのは正反対だった。「あれ?」って思ったこともあって、ありがたい反面うるさいなと感じたこともあった。

亡くなった後に聞いた話だと、俺が知らないところで、いろんなところとケンカしてたみたいでね。けっこう頑固で、自我が強いところもあったけど、それもこれも本当に人一人が命をかけて俺を支えるためだったんだなって思う。

人間誰しも欠点はある。彼女は秘密主義で、俺が聞かされていないことが山ほどあってね。

そんなことは別にして、俺のためだけを思ってくれる姿は健気《けなげ》でね。彼女と親しかった友達から「かわいかったよね」なんて聞くと、亡くなってから一年近く経つけど、ウルウルってきちゃう。

彼女の嬉しい顔が俺の喜び

俺も前の女房と離婚してからは、七〇歳も超えていたし、もう結婚はしないつもりでいたんだ。戸籍なんかこだわらなくていいじゃないかって思っていたんだけど、ある日、彼女が勝手に婚姻届と指輪まで持ってきて「サインしてください」って頼んできてね。

彼女は両親と兄がすでに他界して、姉は嫁いでいるから、橋本家の墓には入らない、「どうしても猪木家の墓に入りたい」って言った。それで、平成二九年に婚姻届を提出した。

そこに愛はなかったのかって言われると困るんだけど、俺の誕生日の二月二〇日に白い衣装を着せられて、どこかのスタジオへ連れて行かれて、彼女が誰がどう見てもウエディングドレスみたいなドレスを着て待っていてね。

写真を撮ったら彼女がすごく喜んでくれてね。その無邪気に嬉しがる姿を見ると、結婚するつもりはなかった俺だったけど「彼女が喜んでくれればそれでいいのかな」ってうなずいて、それは俺の喜びにもなった。

結婚式は挙げていないから、その撮影が俺たちにとって式のようなものでね。

亡くなってから、彼女とのいろんな写真は寂しくなるからなるべく見ないようにしてるけど、その時の写真を見ると、本当に嬉しそうな顔をしていて、あの顔は忘れられないな。

生きることへの執念

彼女は、入退院を繰り返していたけど、正式な病名は、亡くなってから知った。亡くなってしばらくぶりに家に帰った時に整理したカバンの中に封筒を見つけたんだけど、その中に診断書が入っていた。

女房の病気を旦那が知らないなんて、変な夫婦と思われるかもしれないけど、彼女は、国内だけじゃなくてパラオ、北朝鮮、パキスタン、ブラジルと俺の外遊には必ず同行していたから、本当の病気を言ってしまうと置いて行かれちゃうって思ったのかもしれない。

それでも俺にハッキリと体調の異変が分かったのは、平成三一年の正月にパラオへ行った時、一月八日に体調が急変してね。パラオは、チャーター便ばかりだから予約していないと飛行機に乗っけてくれなくて、俺が病院に走ったり、空港へ行って「何とかしてくれ」って交渉して、翌日のソウル経由の便が空いて、それに乗って何とか帰ってきたことがあった。

後から彼女に聞くと、帰るまでのことを「覚えてなかった」と言っていた。だから、パラオで死んでてもおかしくなかったんだけど、そこから半年近く生き抜いて、それは彼女の生きることへの執念だったと思う。

人の人生は、他人からはよかったのか悪かったのかなんて分からないけど、最後まで彼女なりに生きたいと自分の思いを貫き通したから、いい人生だったんじゃないのかなぁと俺なりに解釈している。

ドアを開けて、空気で通じ合う

亡くなるまで二か月半ぐらい入院生活になった。

俺も病気があって、彼女の隣の部屋で極秘に入院していた。

願いは、早く治って欲しい、それだけでね。見舞いに来る友人も「まだまだ大丈夫」って言っていたけど、日々、腹水がたまって、足がむくみ出した彼女の変わっていく様子を見た時、時間の問題だなって俺なりに直感で分かった。

亡くなる一週間前に、彼女が俺の部屋に来てね。看護師さんが付き添って二〇分ぐらいいたけど、もう話す力もなくて会話らしい会話もなくて、ただ、その空間に一緒にいるだけ。

その夜、病室のドアは閉めなきゃいけないんだけど、なぜだかドアを閉めるとどこか遠くへ行ってしまう気がして、ドアを少しだけ開けて寝てね。

最後の時は、彼女が好きなキャビアを頼んで持ってきてもらって、ちょっと口に当てて。意識がなかったから分かったかどうか分からないけど、思いは伝わったのかなって、伝わっていればいいなって願っている。

生きるという重みを教えてくれた

彼女が旅立ってから、人の命なんて本当に分からないと思う。「一寸先は闇」というけど、誰も一寸先を読む人はいないわけで、彼女も最後まで自分が逝くとは考えもしなかったと思う。

あの最後の二か月半、病院に一緒にいた時間、彼女が必死になって闘っている姿を思い起こすと、教えられたものは大きかった。

俺はこれまでの人生で、何も引きずらないし、人を恨まないし、過去に起きたことは今と切り離して、さっぱり生きてきた。「命がけ」ってことを俺はいつも簡単に言葉にしてきた部分があるけど、彼女が必死で生きている姿を病室で毎日見ていて、本当に生きるということの重みを教えられた。彼女との過去の時間が、切り離せないものとして今もあったりする。

人生を俺は突っ走ってきて、リングの上でも事業でも政治の世界でも命がけで闘ってきたつもりだったけど、本当の命がけって何だよっていう自分自身への問いかけも生まれた。

彼女の死は、喜寿を迎えた俺の人生観が変わることだった。

彼女が大好きだったパラオの海へ散骨した

彼女は亡くなる直前まで俺の仕事の管理をやってくれてね。

亡くなった八月二七日の翌日に、明石家さんまさんの対談番組「さんまのまんま」への出演が決まっていて、さすがに死んだ翌日だからキツかったけど、彼女が取ってきた仕事だから、約束通りやらなきゃって思って出演した。スタジオで「元気ですか！」って言うのは厳しかったね。

彼女は親しい人には遺言を残していて、葬儀は家族葬でということで、ごく親しい人だけが参列して送ってね。

彼女はパラオが大好きだった。「人生の最後はパラオで生活しようか」なんてよく話し合っていたこともあってね。それで、年が明けて彼女の思いを届けてあげたいということで、友達が一生懸命に手配してくれて、散骨のためにパラオへ行った。

生前、親しかった仲間に声をかけたら、彼女の人望で、思ったよりも遥かに多い二〇人以上の友人が集まってくれて、ボートを出して、パラオの海へ「帰ってきたよ」という思いで骨をまいた。

時はすべてのさよなら

何人もの人たちと永遠の別れを経験してきて、それぞれの別れ方があったけど、俺の中で忘れることのできない人が四人いた。

一番強烈なのがカリブ海で急死したじいさん。人生でこれほど泣いたことはないという経験でね。次は力道山で、あまりのあっけなさに命のはかなさを教えられた。離れて暮らす娘の死に人生の虚しさを知った。そして、女房を看取って、命の重さを感じた。

時間が経つと、俺を慰めようと思って「一人もいいですよ」って言う人もいて、「そうですか」って答えるけど、実際に自分の身に降りかかったこと以外は、みんな他人事だもんね。

だけど、「猪木寛至」の本当のところは、性格的にそんなに強くてさっぱりしているわけじゃない。ただ、人に泣き言とか愚痴を言ってもしょうがないから、自分で耐えるしかない。でも、おくられびとの方が楽だよ。おくりびとよりも。

今は一人の生活だけど、彼女が信頼する人に俺の食事とか洗濯とか生活面で世話してくれるように言い残してくれていて、病気の薬とか血糖値の管理とかをすべてやってくれている。ありがたい限りだよね。

家に戻って寝つきの悪い夜、「コトン」と音がするようなことがあると、「ん？　彼女かな」なんて思ったりする。

時はすべてのさよなら。その言葉を今、一人かみしめているんだ。

第8章

コロナ時代の「元気」

イラク人質解放に尽力した（写真＝原悦生）

世界中で感染爆発を起こした新型コロナウイルスによって社会生活が変わってしまった。

三八年のプロレス人生とは離れる話になるが、この時代を生きる者として言わずにはいられないことがある。

俺なりに今、起きていることについて思うことを書いておきたい。

危機を防ぐには、初動を見誤るな

新型コロナは中国の武漢市で昨年（令和元年）一二月に発生が報告され、今年一月一六日に日本国内で初めて感染者が確認されてから感染が拡大し、多くの方が亡くなってしまった。

政府は二月二六日、国民に対してイベントの中止や自粛を要請し、安倍晋三首相は四月七日に緊急事態宣言を発し、国民は店の営業、外出自粛を余儀なくされた。

世界各国で感染が拡大してしまったから、日本だけがどうのこうの言うことは適切じゃないかもしれない。ただ俺が思うに、政府は最初、ウイルスを甘く見て、軽く考えていたんじゃないか。

それはアメリカのトランプ大統領も同じで、初動対応を誤ったと考えている。政治って国家国民のために汗を流して、知恵を出して働く姿勢が基本だ。俺が言う「初動対応」ってこの姿勢のことで、それが分かっていれば、こんなことになっていなかったんじゃないか。

危機が起きた時に、一番見誤ってはいけないのが初動だ。症状を疑った時に、いちいち保健所に問い合わせろって、そんなバカなことねぇじゃんって思う。医療崩壊を防ぐっていう狙いは分かるけど、すぐに病院で受診できる態勢をなぜ、築けないのか。

感染拡大を防ぐために、店の営業、イベントの自粛は分かる。だけど、休んでくれって頼むだけで、補償はロクになしって、どうやって生活しろっていうんだよ。

ルールより守るべきは命だ

こういう時に俺は思うんだけど、例えば、立ち入り禁止っていう地域に池があってね。その中に子供が入ってしまって池に落っこちて溺れていたらどうするのかって。子供が溺れているのに、ルールで立ち入り禁止ですから助けませんっていうのか。それとも、ルールを犯してでも立ち入り禁止の柵を越えて子供を助けるのか。

そんなもん答えはひとつしかなくて、人の命以上に大切なものはない。俺は、ルールを犯してでも溺れる子供を助けにいく。

別に反則行為をしろとか法律違反をしろというのではなくて、時と場合によって人は、何を最優先事項にするかが大事なんだ。

今の世の中全体は、何かあると「コンプライアンスです」とか「これがルールですから」というのが優先される。だけど、新型コロナの感染拡大っていう緊急事態で、池で溺れる子供のように困っている人たちがたくさんいるのに、「ルールですから」って助けないのか。

自らの使命をありがたく思う

湾岸危機で俺がイラクの人質解放を実現した時に、まず日本からヨルダンまでのチャーター機をどうするかっていう問題があった。

俺は心配するなと、飛行機代は自分が持つからと言った。その時に金があったわけじゃないけど、まずは人質を救うことが何よりも先決で、後のことは正直、何とかなるだろう、どうでもいいだろうって思っていた。それはルール違反かもしれないし、多くの人に迷惑をかけたと思う。だけど、常識に縛られていたら助けられる人たちを見捨てる可能性もあったわけでね。

そしたら政府が飛行機を用意してくれて、たくさんの人の力を借りてイラクに入ったんだけど、俺が真っ先に「やるんだ」って決断しなかったら何も動かなかった。

あの時、みんなに「命がけですね」って言われたけど、そんなつもりもなかった。逆に「こんな使命をもらったことはありがたい。俺しかできない」って思った。

それは、勝手に自分で役割を決めたんだけど、そういう経験をもとにして指摘させてもらうなら、緊急事態の時に国会議員とかが平和ボケしてマニュアルに囚われてしまったら対応できない。

本気の心のパフォーマンス

勝手に役割を決めるという意味で言うと、実はこのコロナが感染拡大しはじめた二月に、最終的に七二三人もの陽性が確認された豪華客船「ダイヤモンド・プリンセス号」が二月六日からしばらくの間横浜の大黒ふ頭に着岸していた時、船の中に閉じ込められてる人たちを励まそうと、ボートを出して船の近くまで行って拡声器でメッセージを送ろうと考えていた。

俺もブラジルへ横浜ふ頭から出発したから、ついつい昔のことが頭をよぎってね。俺の場合は、四五日間の船底生活で隔離された状況が蘇ってきて、何とか励ませないかって思い立ったんだ。船を手配するまでいったんだけど、寸前で周囲に止められてやめたことがあった。もし、やっていれば、パフォーマンスと批判されたと思う。

俺もパフォーマンスであることは否定はしない。ただ、一方で純粋に客船に閉じ込められた人たちに何かをしたいと思う気持ちを抑えられなかったのも確かなんだ。

パフォーマンスと、困っている人たちを救いたいという気持ちが俺の中でどうバランスを取っているのかは説明できない。俺の場合、すぐにそう思ってしまうところがあって、ただ、パフォーマンスでも本気の心があればいいと思う。

大切なのは、第三者じゃなくて困っている人たちがどう受け止めてくれるかということでね。一方で「お前は、もうそんな年じゃないだろ?」って反省したことも事実だった。

感性を磨いて危機に対峙せよ

俺が豪華客船へ行こうと思ったのも、緊急事態という危機感が募ったからで、繰り返すけど新型コロナの感染拡大は平時の出来事じゃない。緊急時には危機感を持って、それこそ命がけで国民を助けようっていう魂がなかったことが初動の遅れになった。

予想もつかない事態が起きた時、信念を持って独自の発想で対応できる知恵が、国会議員、官僚に育っていなかった。国民を守るべき立場の彼らの感性があまりにも退化していることを感じる。

リング上では、相手がどう出てくるのか分からない世界で、自分が描いた形通りにはいかないことがほとんどだった。事前に相手が蹴りが強いヤツかパンチが強い選手かとかは分かるけど、あとは出たとこ勝負で相手が出す技に瞬間瞬間で機敏に反応しなければいけない。そこで、まさに自分で危険を直感する動物的感性を養うことができた。だから感性とは対応力とも言えるんだ。危機を乗り切るには、常に感性を磨かなければ対応できない。

それが今の国会議員にしても官僚にしても上ばっかり見ているゴマすり野郎ばかりで、どんないいことであっても上がOKしないとできない体質になってしまった。

象徴的で特に目に余ったのが、小学校の建設で国有地をあり得ない金額で払い下げした「森友学園問題」で露呈した財務省の文書破棄、改竄《かいざん》でね。

人間を判断する時はまず目を見ろ

当時の財務省の理財局長だった佐川宣寿氏が国会で証人喚問された時、俺も参院議員だったから見ていたけど、目が泳いでいるのが分かった。他は何も見てなくて安倍首相ばかり見ていた。

泳いでいる目を見て、佐川氏が真実を話していないと俺は受け取った。

闘いの時に相手の目を見抜かなかったら、勝負にならない。こいつはイキがっているのか、あるいは、こいつは勝負をかけてきているのか。俺はリング上で相手の目を見ることで一瞬で人物鑑定というとおかしいけど、心を見抜いてきた。

佐川氏の胸の内は手に取るように分かったし、恐らく彼は、国会という国権の最高機関に呼ばれているのに、自分が何を言っているのか自分自身で分かっていなかったと思う。

第二次安倍内閣になって平成二六年に、国家公務員の人事権を掌握する内閣人事局を設置して官邸が官僚の人事を主導することになったのがそもそもの問題なんだ。それで官僚は自分たちの保身だけを考えるようになって、その姿勢が今のコロナ対応でも後手後手を踏む結果になったとみている。

官僚システムというこの国の戦後を培ってきた仕組みが、いい時代もあったけど、それが今は害でしかない。

専門家は専門の外側が分からない

官僚は、一流大学を出て、彼らの専門職でずっとやってきた。

あと必ず政府は、何かあると専門家を呼んでね。今回のコロナでも専門家会議があって、必ずその道の学識経験者がメンバーになるけど、こんなのを俺は信用しない。専門家、学識経験者は、自分の領域は知っている。確かに勉強してエキスパートだろう。でも、その分野では自分が権威者で一番だから、そこから先に出る発想がない。

環状線理論で言えば、専門分野は環状線の内側で、大切なのは外側にいる大多数の人たちへ向けた情報をどう発信するのか、あるいは、どう救うのかということなんだ。

外側を、彼らは知らなすぎる。そして、外側は常に時と共に変わっていくもので、計算なんかできやしない。

今回のコロナで言えば、感染症についての科学的な認識とかは内側で、日々、変わっていく経済や生活は環状線の外側と言える。そこには、専門家が想定すらしていない差し迫る現実の問題が押し寄せている。

本当なら環状線の外で起きる事態に瞬時に対応しないといけないのが政治家だろう。

苦しみの中から立ち上がれ

だけど、何度も指摘するけれど、肝心の政治家に対応力、直感力がない。

これは、教育の問題が一番大きい。

俺のことで言えば、ブラジルの自然の中での労働でどうやって自分を守ればいいか。汗と泥にまみれた苦しい状況の中から自力で立ち上がることを自然に身に付けた。

そんなことを今のこの国の子供たちに経験しろという意味ではなくて、世の中は、すべてが真綿で包まれていて安全なのではなくて、一歩、外へ出れば危険な苦しい現実がある。親が自分の子供がかわいいのは分かるし、いい大学を出したいのは当たり前なんだけど、それがあまりにも強くなって、子供たちに世の中の現実を見せないで真綿で包み過ぎている。

もちろん、体罰はとんでもないことに違いないんだけど、教育の中で厳しさにもまれることを経験させることが必要だ。

経験に勝るものなし、と思う。たとえば今の安倍首相にしても麻生太郎財務相にしても小泉進次郎環境相にしても、二世議員は人生の中で金に困ったことなんてないだろう。明日ご飯を食べるための金もないという経験もしないで、どうして本当に困っている国民の思いが分かるのかって言いたい。

悔しさを味わって涙を流して苦しみの中から立ち上がることを自力で覚えることで、人の痛みが分かる鋭い感性をもった人材が育つだろう。

官僚も政治家も、出世ばかり頭にあってレベルの低さが目に余る。だからこそ教育をもう一回しっかり立て直さないといけない。

いらない情報をシャットアウトする

今は、情報化時代だから、テレビやインターネットを見ていると、毎日のように、コロナ、コロナ……って、同じニュースばかりやっている。それを見るだけで、かかっていないのに病気になっちゃう。

だったら、情報をシャットアウトするのもひとつの勇気でね。いらない情報を遮断することで何が必要で正しいニュースなのかを見極める目が生まれてくるはず。

情報を見極めるという意味で、もし今、俺が興行会社の社長だったら、イベントはやらないだろう。いつ何時《なんどき》、誰が感染するか分からないし、「俺は大丈夫だから」なんて言っても人はそれぞれ違うからね。無観客試合という判断もあるけど、観客がいない会場でプロレスをやってもしょうがねえだろうと思う。

俺がいくら非常識を売り物にしているといっても、そこは命を守るというルールを最優先にして、自分なりの決断をしただろう。

建て前を捨てて、本音をぶつける

新型コロナのパンデミックで、東京オリンピック・パラリンピックが一年後の七月に延期となった。

俺は、平成二五年九月に招致決定で「おもてなし」とか言って大騒ぎした時も、「おもてなし」って表がないから裏ばっかりの話じゃないか、バカ言ってんじゃねぇよって言っていた。

国際オリンピック委員会（ＩＯＣ）って、サマランチ会長のころから招致のために委員たちに、ロレックスとかベンツ何台とか渡してきた時代があって、それをいかにもきれいごとのように表向きはやってきた。

オリンピックに関わる連中はアマチュア精神って言うけど、これだけは言いたい。プロレスが「八百長」と言われた時に、アマチュアスポーツの連中が「我々はあんなのとは違ってアマチュア精神です」って言っていたけど、俺からすれば、「バカ言うなよ」っていう世界だ。かつてマラソンなんかで、アフリカから日本に来る選手がたくさんいたけど、彼らが自分たちで旅費を払って、もっと言えばタダで日本へ来るかよってね。

それが、いけないとは言わない。ただ、現実がそうなのに、事あるごとに「我々はアマチュア精神に則って」って言うけど、アマ精神なんてどこ行ったんだよ？　みんな金儲けに走っているじゃないか。だから、ここ数年、アマチュア団体でいろんな問題が次から次へと出てきたんじゃないのかって。

もう今やオリンピック選手なんか半分プロみたいなもんで、金を儲けるのは悪くはないけど、アマチュア精神とか言っている実態って、もともとそんなものだったんじゃないの。それなのに本音と建て前にオブラートをかぶせて、きれいに見せている。

だいたい、オリンピック、パラリンピックの開催時期がそうでね。

七月から九月ってあんな暑い時期にやるバカいねぇだろ。裏側には、アメリカのテレビ局の放送権料とかお金が絡む問題があるわけでね。アスリート・ファーストなんて出まかせばかりがまかり通って、誰も選手のことなんて本気で考えていない。

選手は、お上が決めたことには従うしかないから仕方がないかもしれない。だけど、もっと選手たちは声をあげるべきだ。「こんなのやってられないよ」って、そういう現場の声が今こそ必要だ。建て前より本音が今は必要じゃないのか。

そんなことを言ったらオリンピックの代表に選んでくれないかもしれないし、いい子になって黙ってじっとしていることが利口かもしれないけど、自分の中に信念があるなら言わなきゃいけない時に言うべきだ。

一年延期が逆にチャンスでね。原点に戻って、もっと金のかからないオリンピックに戻せばいい。

こんなこと言うの、俺しかいないだろう。でも、「そうじゃねぇよ」って誰かが釘を刺さないと何も変わっていかないよ。

軍事拡大から平和へ転換せよ

こんな時代は誰も予想もしていなかった。まずは早く新型コロナを収束させないといけない。そして、いずれ収束した時に、逆転の発想で言えば、今回、全世界が経験したマイナスをプラスに変えないといけない。

俺は、今までの世界は、アメリカのトランプ大統領も、中国の習近平国家主席も、安倍首相も、軍事力を拡大する方向に走り過ぎたと思う。今回の感染症をきっかけに、人類の平和とは何か、何に金を使うべきか、これまでの発想を転換するきっかけになって欲しいと心から願う。

今あらためて「元気があれば何でもできる」

大事なのはやっぱり気持ちでね。どうやって気持ちをもたせるかって言えば、俺がずっと叫び続けてきた「元気ですか？」という問いかけしかない。どんな時も「元気があれば何でもできる」って奮い立たせて、できる限りの元気を出して前を見ようって言いたい。

俺も今、女房に先立たれて、心も体もボロボロなんだけど、なけなしの元気を振り絞ることでみんなに元気のメッセージを送りたいと思っているんだ。

終章 命が輝く時

宿命の対戦相手である
20世紀最大のブラック・ヒーロー、
モハメド・アリと
（写真＝山内猛）

この本の最後に、今の俺の現実と七七歳からの夢を明かしたい。

難病・心アミロイドーシス告白

俺は今、心アミロイドーシスという病気を患っている。

これは、日本国内で百万人に数人がかかる病で厚生労働省が難病に指定している。

体調に異変を感じたのは去年六月、亡くなった女房と一緒に入院した時だった。

「いつお迎えが来てもおかしくない」っていうぐらいに体調が悪くなって、病院で検査した時、心臓の血流が悪いから、心臓へ戻る血の力を弱くして押し出す方を強くする手術をしようとした。ところが検査を重ねると、昨年の秋に心アミロイドーシスが分かって、手術ができる状況じゃなくなった。

この病気は、アミロイドというたんぱく質が臓器にくっついて機能を低下させるものでね。普通のたんぱく質は、水になって小便と一緒に体の外に出るんだけど、アミロイドは網のような繊維構造を持って水に溶けない性質で、たんぱく質がどんどん体の中に蓄積してしまう。たとえれば網が臓器にかぶさるようになって機能を低下させ、最終的には死に至ってしまう。

心臓に網がかぶさる状態

血流が悪くなっていたのは心臓にアミロイドがかぶさっていたのが原因で、血の巡りが滞るとすべての病気につながってしまう。ましてや俺は糖尿病が持病で、リスクは高い。

心臓の病気は、遺伝なのかなと思う。

父の佐次郎は、俺が四歳の時に心筋梗塞で亡くなっている。兄弟も心臓の病気で逝った者が多くてね。これまでの人生で心臓は世界一強いって自信があったんだけど、親父が金は遺さなかったけど、そんな遺伝子を残してくれたのかなって。ありがたいのかどうなのか分からないけど。

入院中は、一人の主治医が全部診てくれるわけじゃなかったから、かなり検査に時間がかかって、正式な病名が分かったのは退院後の秋になった。

最悪、死を覚悟した病

治療方法も手術をしていいのか、薬で治すのか、答えが出せなくてね。医者も判断がつかないギリギリの状況だったけど、去年の春に心臓のアミロイドーシスへの新薬の適用が認められて、蓄積しているアミロイドを溶かす薬で治すことになった。

薬が効いて完璧に治るか分からないけど、今は薬で機能低下の進行を止めている。自覚症状は今のところなくて、薬を飲んでいるっていう安心感がある。

この薬がなければ、悪くなるのを待つだけで亡くなるのも時間の問題だったと思う。処方できる医師も都内で数人で、全国でも百人もいない薬。ただ、名前が「ビンダケル」って……。「なんだよ、こんなところまで、俺は〝ビンタ〟と〝蹴り〟かよ」ってね。まぁ「ビンタ」を売り物にしてきた俺らしくていいやって、笑っちゃったけどね。

この薬は値段がやたら高くてね。一日四錠、毎日、飲まないといけないんだけど、一カプセルがだいたい四万四千円で一日で約一七万六千円、一年だと六千四百万って……もっとも難病に指定されてるから、保険が適用されて国の補助が出るんだけど、まだまだ俺も稼がないといけないのかなって。いつまで経っても金の問題は大変で、これも猪木らしさだよ。

バッジなんてない方が独自外交できる

この病気があって、政界から引退することを決断した。昨年の六月七日に参院選の不出馬と引退を明かして、六月二六日の参院本会議が最後の登院となった。

バッジなんて外したっていいし、却ってない方が俺のやりたい独自外交ができると思っている。

俺もギリギリの線だったけど、一緒に入院した女房は、今から思えばカウントダウンに入っていた。

すでに書いたけど、彼女の病気は治療が難しい難病中の難病と言われる膵頭《すいとう》がんで、違うところにできていれば手術できたけど、それも叶わなかった。

俺を生かすために命を削ったのか

彼女は、父親が医者だったから病気には詳しくて、俺には言わなかったけど、アミロイドーシスのことは分かっていたと思う。

自分の命が厳しい中でも最期まで俺の体を心配してくれてね。結局、自分が先に逝ってしまった。看取った時に、俺を生かすために自分の命を縮めたのかなって感じて、彼女の死をもって生きることの意味を教えられた。

二か月半の入院で足腰も弱ってね。その前には脊柱管狭窄《せきちゅうかんきょうさく》症《しょう》で腰を手術して、加えて長年の闘いの代償で右足は力が出るけど、左足の親指がそっくり返ってしまって、力が出なくて歩くとつんのめって倒れそうになる。

だから歩く時は気を付けているけど、現実は杖が必要だし、車いすも使っている。周りは、そういう姿を「見せない方がいい」と気遣ってくれてね。俺も表に出たくない時もある。気遣いはとてもありがたいけど、俺は、それも運命だし、すべてをさらけ出してきた猪木ならではっていうことで、「しょうがねぇじゃん」って隠そうとは思わないんだ。

別に病気を売り物にするつもりはないけど、逆に俺自身が車いすを使うことで、今までなら気づかなかったことを感じて、車いすで生活する多くの人へ新しいメッセージになればと思う。

一人になって体に鞭打つ試練

ただ現実は甘くなくて、日によってほんの一〇メートルぐらいの距離を歩くのもキツい時がある。

女房に先立たれ、自宅で一人、夜寝て朝起きる生活になった。夜に身の回りの世話をしてくれるスタッフが来てくれて、翌日の朝ご飯を冷蔵庫に入れてくれている。朝起きて冷蔵庫を開けて食べればいいだけなんだけど、何しろ、今までの俺は箸の上げ下げしかしたことないから、それすらもキツい時があってね。

朝は、起きると一番に仏壇の女房へ水をあげることが日課で、そういうことはあまりやったことなかったんだけど、寝室から仏壇まで歩くのが大変な日もあってね。ただ、これも亡くなった女房が俺のために、ひとつの仕事を与えてくれたなって思っている。「ずっと闘ってきたから、もういいだろう」って天国へ語りかけたこともあるけど、毎朝、体に鞭打って水をあげると「日々、闘いだぞ」って自分を奮い立たせてくれてね。女房は、向こうの世界から毎日、俺にそんなことを教えてくれている。ありがたい。

誰しも人には言えない闘いがあると思う。俺にとって毎朝の日課が自分自身との闘いで、今、そんな朝を迎えることでやっと気力が復活して新しい夢へ歩き出した。

プラズマによるゴミ問題解決

今、俺が燃えている夢は、プラズマを利用した地球規模で起きているゴミ問題の解決だ。プラズマは、科学的に言うと、原子や分子がプラスイオンと電子に分かれる電離した気体のことで、身近な例だと雷がそれにあたる。ゴミは燃やすと灰が出るけど、プラズマは温度が一万度にまで達するため、灰をも溶かすから廃棄物処理には有効でね。

環境問題に関心があったから、以前からプラズマの特徴は俺の中で知識としてあって、興味を持っていた。

そんな時、入院する前の去年の六月に何気なくテレビを見ていると、水を使ったプラズマ、「水プラズマ」の特集を放送していて、「これだ！」と一気に引き込まれた。

会いたい人がいればすぐに動け

テレビに出演していた研究者は、九州大学大学院工学研究院化学工学部門の渡辺隆行教授だった。会いたい人がいればすぐに動くことが俺の鉄則で、放送が終わってすぐにコンタクトが取りたくてテレビ局へ電話したら、「国会議員でも個人情報は教えられません」って言われた。知人に相談したら、偶然、渡辺先生と連絡を取れる人がいて、一時間もしたら先生から直接、電話をいただいた。

先生も俺のファンでね。やっぱり、プロレスファンってありがたいって思って、俺が今から福岡へ行きますって言うと先生の方から東京へ来てくれて、議員会館で初めてお会いして、意気投合した。

俺の事務所にはプラズマの本があったから、先生も「勉強されているんですね」って言ってくれて、今はこの「水プラズマ」を使った廃棄物処理を世界規模で普及させることに燃えている。

水プラズマを使って廃棄物を処理すれば、大気汚染の大きな原因となる二酸化炭素は出ないし、代わりに水素を産み出して新たなエネルギー開発にもつながる。福島原発の汚染水で一番厄介な油の分離も可能になる。

フィリピンのスラム街「スモーキーマウンテン」で何十年にわたって問題となっているゴミの山の解決も期待できる。

去年の秋にフィリピンで協力を得て、今、本格的に動き出すところにきた。

夢の根本は変わらない

俺の役割は、縁の下の力持ち。「アントニオ猪木」の名前を使ってもらって、世界への技術をさらに広げることに貢献したいと思っている。

ただ、日本の役所はこの話をしても動きが鈍くてね。この国のシステムは外圧に弱いから、フィリピンで世界的に話題になれば、日本でも動き出すだろう。本来ならこの夏から本格化するはずだったが、この新型コロナウイルスの世界的感染拡大で動きが止まっている。これは仕方のないことで、コロナが収束した後に一気に本格化させる。

一四歳でブラジルの大地で育てられた俺は、四〇年前に手掛けたアントン・ハイセルでのバイオから永久電池の挑戦へと、事業への思いは一貫して地球規模の環境問題の解決という部分で変わることがない。

笑われても信念は貫く

正直言って、過去の事業は失敗してきたから、今回のプラズマも「また猪木がホラ吹いているわ」って笑われてることも知っている。人が何と言おうとどうでもいい。そんなことは気にしないし、そんな小さなことよりも、俺がずっと持ち続けた環境汚染の防止を世界に発信する夢が現実になったことが喜びでね。

なけなしの金をはたいて、必死になってたどりついて、やっと実行に移せる状況にきた。これから、コロナが収束するまで、どうやってプロモーションを仕掛けるかをじっくり考えて、パフォーマンスもあるかもしれないけど自分の宣伝力というか発信力を生かして、世界がビックリするようなデビューをしてみせる。

喜寿を迎えて、こんな夢を追えることがありがたい。

何歳になろうと挑戦を忘れてはいけない

そう考えると人は何を目指して生きているんだろうなって思うんだ。お金も大切だし、名誉も欲しいだろう。

俺も金を追い、名誉とか勲章が欲しかった時代もある。だけど、命の重さを教えてくれた女房の最期に接した今、自分なりの人生の価値観が変わってしまった。今は名誉とか勲章、肩書なんか一切興味がない。そんなもんより、どれだけ年を重ねても挑戦する生きざま、その背中をしっかり見せたい。

今の俺は生かさせてもらっている命。だからこそ、一日一日を完全燃焼したい。

リタイアしても生きがいを見つけろ

同世代の人を見まわすと、決して寂しい話じゃないけど、みんな過去の思い出話を懐かしそうに語ることが多くなっている。

あえて同世代や先輩たちにメッセージとして送りたいのは、仕事でも趣味でも、子供たちに何かを教えるとか、庭の草むしりでも何でもいい。ひとつの目標を持って、生きがいを作って欲しい。

気持ち次第で窓の外の景色が変わる

最近、思うことは、気持ち次第で、毎日窓から見える景色が変わるっていうことでね。

去年の夏、女房に先立たれ、難病を宣告された時は、どんなに晴れて青空が広がっていても家の窓から見る景色が暗く見えた。

だけど、今は違う。

ラッキーなことに「プラズマ」という燃えるテーマがある今、同じ窓から見える景色が一変した。雨が降っても曇っていても明るく輝いて見える。

すべては気持ちだ。だからこそ、生きている限りは挑戦を続けるべきなんだ。

俺の人生で一番、影響を与えてくれたじいさんが、カリブ海で亡くなったのが七七歳だった。俺の中でじいさんの年齢までは生きるということを誓っていた。今、その関門を越えて、ここから先は人生の付録だなっていう思いがある。ただ、昔の少年雑誌は、付録の方が大きかったからね。

俺も付録がいっぱい付くのかもしれない。

生きる喜びがなくなったら、おしまいでいい

付録という意味で言えば、人生百年時代って言われて、何が百歳なのか。もちろん、長生きすること自体は素晴らしい。だけど、怒られるかもしれないけど、ただ百歳まで生きたってしょうがねぇだろって思う。健康で元気で百歳まで生きられればいいけど、そうじ

ゃなくなったら果たして生きる意味は何だろう？　と自分自身に問いかけている。

俺も難病を抱えて、ギリギリの線で踏みとどまっている。今後、介護を受けないといけない状況が来るかもしれない。だけど、俺は亡くなった女房にも周りにも言っている。延命措置はするなと。

俺は、年齢よりもどう生きるかにこだわりたい。生きる喜び、生きるための目的がなくなったらおしまいでいい。

死と言うとどうしてもマイナスのイメージになってしまうんだけど、みんなそれぞれがどう向き合うか。

リングでの闘いも、そこに出ていく時は、ビッグマッチだろうが、地方の会場だろうが、心構えは同じだった。今日はショーだから、ひとつのリングをこなせばいいっていうのではなくて「今日、この試合で最後でもいい」と覚悟した歩き方があった。

己をかきたてる材料を探す

俺の人生、プロレスも事業も一生懸命、頑張ったつもりだけど、振り返れば、手抜きしているなって思い当たることもいっぱいある。面倒くせぇよ、もう疲れたって逃げたくなる自分もいた。

だけど、己をかきたてる材料をいつも探してきた。

こんな学歴もないボケが、ブラジルへ行って、プロレスの世界に入って必死になって走ってきた。喜寿を迎えてふと思うことは、自分なりに熱く燃えて生きてきたということだ。

「闘魂」は、力道山が使っていた言葉を勝手にもらって、俺の代名詞になった。

闘魂とは死ぬまで闘うこと

引退試合の時に「闘魂とは、闘いを通じて己を磨くこと」とメッセージを送った。

確かに闘う魂なんだけど、あれから二二年を経て思うことは、もっといろんな形で重ねていくと「闘魂」とは死ぬまで闘うことだと実感する。

お迎えがいつ来るのか分からないけど、「プラズマ」という燃える夢が生まれた今、自分がやるべきことが明確になった。今、新たな挑戦を前に俺の中で闘魂が蘇ってくる。だからこそ、命尽きるまで闘い続ける覚悟だ。

あの世に旅立つ時、俺が何を思うのかは分からない。

今、言えることは「アントニオ猪木」っていうバカが一生懸命、生きたことを感じてくれたらそれでいい。そして、最後に俺はこう叫ぶだろう。

「ざまぁみろ!」

来年も桜が見えるか——「あとがき」にかえて

「花に嵐のたとえもあるぞ　さよならだけが人生だ」

作家の井伏鱒二は、人生というものをかつてこう表現した。喜寿を越えて俺が歩いた道を振り返ると、じいさん、力道山、娘、妻・田鶴子と、別れはいっぱいあった。本当に「さよならだけが人生だ」と思う。妻・田鶴子の一周忌が近づくにつれ、思い出すのが去年の花見でね。

毎年、公園に仲間が集まって桜の花を楽しむんだけど、去年、彼女がポツリとこう言った。

「来年も花見ができるかな」

俺は、簡単に「できるよ」って言ってしまったんだけど、命のカウントダウンをしていたのかなって思うと、感傷的になってしまう。そんな思いを「桜」と題した詩に込めてみた。本書の最後に、天国の大切な人に捧げたい。

桜

来年もまた桜が見えるか？
また見えるさと何気なく答えていた
思い起せばその前の年も
同じ事を聞かれていた

今年も桜の開花宣言が出されたが
流行りやまいのせいで
人の集まる花見の宴会は
自粛要請が出てなくなった

毎年この小さな公園で
誰となく仲間が集まり
各地から名酒が届き
焼肉や刺身が届き
料理屋顔負けのご馳走が揃う

夕暮れも過ぎたこの公園で
一人ベンチに腰をおろし
テーブルに両肘をついて
目を閉じて
いろんな思いに耽っていると
冷たい風が吹き抜けていった

そっと目を開けると
何の気配も無かったのに
テーブルの片隅に
満開にちょっと早い
桜の小枝がおかれていた

二〇二〇年四月一日　新型コロナウイルスの収束を祈って

アントニオ猪木

〈アントニオ猪木 年譜〉

昭和一八年（一九四三年／〇歳）
二月二〇日　横浜市鶴見区生麦町に石炭商だった父・佐次郎、母・文子の間の九番目の六男として生まれる。兄弟は男七人、女四人の一一人。

昭和二三年（一九四八年／五歳）
二月一一日　父・佐次郎が心筋梗塞で急死。

昭和二四年（一九四九年／六歳）
四月　横浜市立東台小学校へ入学。

昭和三〇年（一九五五年／一二歳）
四月　横浜市立寺尾中学校へ入学。

昭和三二年（一九五七年／一四歳）
二月三日　祖父・相良寿郎、母・文子、三男・寿一、四男・快守、弟・啓介とブラジルへ移住するため「サントス丸」に乗船し横浜第三ふ頭を出港。航海中に祖父が腸閉塞のため七七歳で急逝。

昭和三五年（一九六〇年／一七歳）
四月一〇日　ブラジル・サンパウロで力道山にスカウトされ日本プロレスに入門するため帰国。

九月三〇日　東京・台東区体育館でプロレスデビュー。大木金太郎に敗れる。

一〇月一五日　デビュー三戦目となる札幌中島体育センターでの田中米太郎戦で初勝利。

昭和三八年（一九六三年／二〇歳）
一二月八日　力道山が赤坂のキャバレー「ニューラテンクォーター」で暴力団員に刺される。

一二月一五日　力道山が入院中の山王病院で急逝。享年三九。

昭和三九年（一九六四年／二一歳）

三月九日　初の海外武者修業でアメリカ・ハワイへ出発。

昭和四〇年（一九六五年／二二歳）

九月二一日　テキサス州ダラスでジン・キニスキーと初対戦し敗れる。

一二月　アメリカで同棲生活を送っていたダイアナ・タックとの間に長女・文子（英名・デブラ）誕生。

昭和四一年（一九六六年／二三歳）

三月　アメリカ修業を終え、帰国途中のハワイで豊登から新団体「東京プロレス」への移籍を打診され受諾。

四月二三日　豊登と共に帰国。羽田空港で新団体参加を表明。

一〇月一二日　蔵前国技館で東京プロレス旗揚げ戦。メインイベントでジョニー・バレンタインと対戦しリングアウト勝ち。

昭和四二年（一九六七年／二四歳）

一月　東京プロレスが崩壊。

四月六日　自民党副総裁で日本プロレスのコミッショナーを務めていた川島正次郎の仲介で日本プロレス復帰が決定。

五月五日　鳥取市体育館で日本プロレス復帰第一戦を行う。三本勝負のタッグマッチで吉村道明と組んでマイク・デビアス、ダン・ミラー組に二対〇で勝利。

一〇月三一日　大阪府立体育館でジャイアント馬場とのタッグでターザン・タイラー、ビル・ワット組を破り、インターナショナル・タッグ王座を奪取。

昭和四四年（一九六九年／二六歳）

五月一六日　東京体育館でクリス・マルコフを卍固めで破り、ワールドリーグ戦初優勝。

一二月二日　大阪府立体育館でドリー・ファンク・ジュニアが持つNWA世界ヘビー級王座に初挑戦。六〇分時間切れ引き分けとなる。

昭和四六年（一九七一年／二八歳）

三月二六日　アメリカ・ロサンゼルスでジョン・トロスを破りUN王座を奪取。

一一月二日　女優の倍賞美津子と結婚。京王プラザホテルで一億円の披露宴。

一二月七日　札幌中島体育センターでジャイアント馬場とのタッグでドリー・ファンク・ジュニア、テリー・ファンクの「ザ・ファンクス」とインターナショナルタッグ王座の防衛戦に敗れる。この試合が日本プロレス最後のリングとなる。

一二月一三日　会社乗っ取りを計画したとして、日本プロレスを追放される。

昭和四七年（一九七二年／二九歳）

一月二六日　新団体「新日本プロレス」設立を発表。

三月六日　大田区体育館で新日本プロレス旗揚げ戦。カール・ゴッチと対戦し敗れる。

一〇月四日　蔵前国技館でカール・ゴッチをリングアウトで破り、実力世界一の世界ヘビー級王座を獲得。

昭和四八年（一九七三年／三〇歳）

四月六日　NET（現テレビ朝日）で毎週金曜夜八時に新日本プロレスの中継番組「ワールドプロレスリング」が放送開始。第一回は栃木・宇都宮スポーツセンターからの生中継だった。

五月二五日　岐阜市民センターでタイガー・ジェット・シンと初対決。三本勝負で一対二で敗れる。

一〇月一四日　蔵前国技館で坂口征二と組んでカール・ゴッチ、ルー・テーズと世界最強タッグ戦で対戦し勝利。

一一月五日　新宿伊勢丹前の路上でタイガー・ジェット・シンに襲撃される事件発生。

一二月十日　東京体育館でジョニー・パワーズを破りNWF世界ヘビー級王座を奪取。

長女・文子が小児がんで亡くなる。享年八。

昭和四九年（一九七四年／三一歳）

三月一九日　蔵前国技館で国際プロレスのエースだったストロング小林と対戦し勝利。

六月二六日　大阪府立体育館でタイガー・ジェット・シンとの対戦でシンの右腕を折る。

一〇月一〇日　蔵前国技館で大木金太郎と対戦し勝利。

一二月一五日　初のブラジル遠征。サンパウロでアンドレ・ザ・ジャイアントと対戦も両者リングアウト。

昭和五〇年（一九七五年／三二歳）

三月七日　サンケイスポーツにボクシング世界ヘビー級王者モハメド・アリが東洋人の挑戦を求めるという記事が掲載。

六月九日　羽田空港に立ち寄ったアリ陣営へ新日本プロレスの渉外担当者が挑戦状を渡す。

一二月一一日　蔵前国技館でビル・ロビンソンと対戦。結果は時間切れ引き分け。

昭和五一年（一九七六年／三三歳）

二月六日　日本武道館で柔道のミュンヘン五輪金メダルのウィレム・ルスカと初の異種格闘技戦。バックドロップ三連発でTKO勝利。

三月二五日　アリとの格闘技世界一決定戦が決定。ニューヨークのプラザホテルでアリと共に調印式。

六月二六日　日本武道館でアリと格闘技世界一決定戦。結果は一五ラウンド引き分け。

一二月一二日　パキスタンのカラチでアクラム・ペールワンと対戦。ドクターストップで勝利。

昭和五二年（一九七七年／三四歳）

八月二日　日本武道館でプロ空手世界スーパーヘビー級王者ザ・モンスターマンとの異種格闘技戦で勝利。

一二月八日　蔵前国技館でグレート・アントニオを顔面への蹴りの連発でKO。

昭和五三年（一九七八年／三五歳）

一一月二六日　ヨーロッパ遠征の最終戦となる西ドイツ（現ドイツ）シュツットガルトでローラン・ボックに判定で敗れる。「シュツットガルトの惨劇」と呼ばれる。

昭和五四年（一九七九年／三六歳）

一月二五日　ウガンダのアミン大統領との異種格闘技戦を発表。六月一〇日にウガンダの首都カンパラでの開催が決定も後にアミン大統領の失脚で実現せず。

八月二六日　日本武道館で東京スポーツ主催の新日本、全日本、国際の三団体参加の「プロレス夢のオールスター戦」が開催。メインイベントでジャイアント馬場との「BI砲」を復活し、タイガー・ジェット・シン、アブドーラ・ザ・ブッチャーと対戦し勝利。

一一月三〇日　徳島市立体育館でWWF世界ヘビー級王者ボブ・バックランドに挑戦し勝利。日本人初のWWF王座を奪取。

昭和五五年（一九八〇年／三七歳）

二月二七日　蔵前国技館で極真空手のウィリー・ウィリアムスと異種格闘技戦。両者ドクターストップで引き分ける。ルスカ戦から始まった異種格闘技路線を封印。

一二月　世界のベルトを統一するIWGP構想を発表。

昭和五六年（一九八一年／三八歳）

四月二三日　蔵前国技館でNWF王座決定戦でスタン・ハンセンを破り、王座奪還。試合後、IWGP参加のためベルトを返上。同日、英国への遠征から帰国した佐山サトルがタイガーマスクに変身し、ダイナマイト・キッドとデビュー戦。

五月八日　川崎市体育館に全日本プロレスのトップ外国人だったアブドーラ・ザ・ブッチャーが登場。全日本プロレスとの外国人選手引き抜き合戦が勃発。

九月二三日　田園コロシアムに八月に崩壊した国際プロレスのエースだったラッシャー木村がアニマル浜口、寺西勇と共に登場。

一〇月八日　蔵前国技館でラッシャー木村と初対決も反則負け。

昭和五七年（一九八二年／三九歳）

夏、糖尿病が発覚。都内の病院に入院する。新日本プロレス旗揚げ以来、初めて長期欠場を余儀なくされる。

八月　大阪のロイヤルホテルで劇画作家の梶原一騎による監禁事件。

一一月四日　蔵前国技館でラッシャー木村、アニマル浜口、寺西勇と一対三の変則マッチ。寺西、浜口を破るも木村にリングアウト負け。

昭和五八年（一九八三年／四〇歳）

六月二日　蔵前国技館でIWGP優勝戦でハルク・ホーガンと対戦。ホーガンのアックスボンバーで失神KO負け。試合後、都内の病院へ救急搬送される。

八月二五日　クーデター事件。新日本プロレスの緊急役員会でブラジルのバイオ事業「アントン・ハイセル」が新日本の経営に影響があると糾弾され社長辞任。

副社長の坂口征二も辞任。

八月二八日　田園コロシアムでのラッシャー木村戦で復帰。

一一月一日　新日本プロレスの臨時株主総会で社長復帰。

昭和五九年（一九八四年／四一歳）

三月　前田日明、ラッシャー木村らが離脱。四月一一日に大宮スケートセンターで旗揚げした「ユニバーサル・プロレスリング（UWF）」へ移籍。

六月一四日　蔵前国技館での第二回IWGP優勝決定戦でハルク・ホーガンをリングアウトで破るも長州力が乱入する不透明な決着に、試合後観客が暴動を起こす。

九月二一日　長州力、アニマル浜口らが新日本プロレスを離脱。選手一三人の大量離脱へ発展しジャパンプロレスを設立。翌六〇年一月から全日本プロレスに参戦する。

昭和六〇年（一九八五年／四二歳）

一二月六日　両国国技館でUWFとの業務提携を発表。前田日明、藤原喜明、木戸修、髙田延彦、山崎一夫とリング上で握手し翌年一月からUWF軍団との闘いが始まる。

昭和六一年（一九八六年／四三歳）

五月　写真週刊誌「フライデー」で不倫報道。責任を取って頭を丸める。

六月一七日　愛知県体育館でアンドレ・ザ・ジャイアントを腕固めで破る。アンドレから世界初のギブアップを奪う。

昭和六二年（一九八七年／四四歳）

三月二六日　大阪城ホールでマサ斎藤と対戦。海賊男の乱入で反則勝ちも結果に不満の観客が大暴動を起こす。

六月一二日　両国国技館でマサ斎藤を破り、タイトル化となった初代IWGPヘビー級王者となる。

一〇月二日　美津子夫人と離婚。

一〇月四日　巌流島でマサ斎藤と対戦。観客を入れない試合は、二時間五分一四秒でTKO勝利。

一〇月下旬　母・文子が死去。

一二月二七日　両国国技館にビートたけし率いる「TPG」が登場。長州力との一騎打ちを突如変更し、長州に加え、たけしが連れてきたビッグバン・ベイダーと二連戦。試合後、観客の不満が爆発し大暴動が起き、日本相撲協会から国技館の使用禁止を通達される。

昭和六三年（一九八八年／四五歳）

七月二二日　札幌中島体育センターで長州力に初めてフォール負けを喫する。

八月八日　横浜文化体育館で藤波辰巳のIWGP王座に挑戦。六〇分フルタイム引き分けに終わる。

平成元年（一九八九年／四六歳）

二月六日　新日本プロレスとソ連国家スポーツ委員会の全面提携を発表。

二月二二日　両国国技館でソ連初のプロレスラーが参戦。

四月二四日　プロレス界初の東京ドーム興行。柔道家のショータ・チョチョシビリと対戦も敗戦。異種格闘技戦で初の黒星を喫する。

六月一二日　一般女性と婚姻届を提出。

六月二〇日　参院選出馬を表明。「スポーツ平和党」を結党。

七月二四日　参院選に当選。プロレスラー初の国会議員となる。

一〇月一四日　福島・会津若松での講演中に暴漢にナイフで刺される。

一二月三一日　モスクワで初のプロレス興行。国会議員として初の試合は、ショータ・チョチョシビリと組み、マサ斎藤、ブラッド・レイガンス組を破る。

平成二年（一九九〇年／四七歳）

二月一〇日　東京ドームで国会議員となって初の国内での試合。坂口征二と組んで、橋本真也、蝶野正洋と対戦し勝利。試合後、初めて「一、二、三、ダァー」の雄たけびをあげる。

一一月三〇日　八月のイラクのクウェート侵攻で事実上の人質としてバグダッドへ連行されたクウェート在住の日本人四一人を救出するため、イラクへ向かう。

一二月二、三日　バグダッドで「スポーツと平和の祭典」を開催。

一二月七日　イラク人質の全員解放が決定。

平成三年（一九九一年／四八歳）

二月七日　東京都知事選への出馬を表明。後に撤回する。

平成六年（一九九四年／五一歳）

五月一日　福岡ドームで引退への「INOKI FINAL COUNT DOWN」がスタート。グレート・ムタと対戦し勝利。

九月五日　北朝鮮を初訪問。

平成七年（一九九五年／五二歳）

四月二八、二九、三〇日　北朝鮮平壌のメーデースタジアムで「平和のための平壌国際体育・文化祝典」を開催。プロレスを開催した二九、三〇日は二日間で三八万人を動員。三〇日のメインイベントでリック・フレアーに勝利。

七月二三日　再選を目指した参院選で落選。

平成八年（一九九六年／五三歳）

一月四日　東京ドームでの「ファイナルカウントダウン5th」でビッグバン・ベイダーと対戦。投げっぱなしジャーマンスープレックスを浴びるも逆転勝利。

平成一〇年（一九九八年／五五歳）

四月四日　東京ドームで史上最多の七万人の観客を集め引退試合。ドン・フライにグランドコブラツイストで勝利。

一〇月二四日　両国国技館で新団体「U．F．O．」を旗揚げ。

平成一二年（二〇〇〇年／五七歳）

三月一一日　横浜アリーナでの「力道山メモリアル」で滝沢秀明とエキシビションマッチで対戦。

八月二七日　西武ドームでの「PRIDE．10」でエグゼクティブ・プロデューサー就任を発表。

一二月三一日　大阪ドームで世紀末格闘技イベント「INOKI BOM-BA-YE」を開催。

平成一四年（二〇〇二年／五九歳）

三月一二日　「永久電池」の完成を発表。会見で実験もボルトを一本締め忘れ装置が動かず。

八月二八日　国立競技場での格闘技イベント「Dynamite!」で三千メートルの上空からスカイダイビング。

平成一五年（二〇〇三年／六〇歳）

二月二〇日　還暦の誕生日に東京湾でサンセットクルーズパーティーを開催。

九月一三日　ブラジルで格闘技イベント「ジャングルファイト」を開催。

一二月三一日　神戸ウイングスタジアムで「INOKI BOM-BA-YE2003　馬鹿になれ夢を持て」を開催。藤波辰爾とスパーリングを披露。

平成一七年（二〇〇五年／六二歳）

一一月一四日　保有していた新日本プロレスの株式をゲーム会社「ユークス」へ売却。オーナーから撤退を表明。

平成一九年（二〇〇七年／六四歳）

六月二九日　両国国技館で「闘今 BOM-BA-YE」を開催。

平成二五年（二〇一三年／七〇歳）

二月二〇日　ホテルオークラで六六〇人が出席し、古稀を祝うパーティーを開催。

七月二一日　日本維新の会から参院選に比例代表で出馬し当選。

平成二八年（二〇一六年／七三歳）

五月一六日　モハメド・アリ戦が行われた六月二六日が「世界格闘技の日」に制定される。

六月三日　モハメド・アリ死去。享年七四。

平成二九年（二〇一七年／七四歳）

二月二〇日　橋本田鶴子と結婚。

一〇月二一日　両国国技館で生前葬を開催。

平成三〇年（二〇一八年／七五歳）

九月六日　三三回目の北朝鮮訪問。一一日までの滞在中に平壌で建国七〇年祝賀行事に出席。

令和元年（二〇一九年／七六歳）

六月七日　七月の参院選不出馬を表明。政界引退を決意。

八月二七日　妻・田鶴子が膵頭がんで死去。享年六二。

令和二年（二〇二〇年／七七歳）
二月二〇日　ホテルオークラで喜寿を祝うパーティーを開催。

アントニオ猪木

一九四三年、横浜市鶴見区生まれ。本名、猪木寛至。一九五七年、ブラジルへ移住。力道山に見出され、一九六〇年、日本プロレスに入門。一九七二年、自身の理想を追う団体・新日本プロレスを旗揚げ。ストロング小林、大木金太郎らとの息詰まる対決、タイガー・ジェット・シンとの血の抗争、モハメド・アリとの格闘技世界一決定戦など、従来のプロレスを凌駕する「過激なプロレス」によって、伝説的存在となる。一九八九年、参院選に当選し、プロレスラーとして初の国会議員に。一九九八年、現役引退。二〇一〇年、世界最大のプロレス団体「ＷＷＥ」において、日本人として初めて殿堂入り。二〇一三年、参院選に再出馬し当選。二〇一九年、政界引退を表明。

猪木力
不滅の闘魂

二〇二〇年 九 月二〇日 初版印刷
二〇二〇年 九 月三〇日 初版発行

著者 アントニオ猪木
発行者 小野寺優
発行所 株式会社河出書房新社
〒一五一-〇〇五一
東京都渋谷区千駄ヶ谷二-三二-二
電話 〇三-三四〇四-一二〇一(営業)
〇三-三四〇四-八六一一(編集)
http://www.kawade.co.jp/
組版 株式会社キャップス
印刷 株式会社亨有堂印刷所
製本 大口製本印刷株式会社

Printed in Japan ISBN978-4-309-02918-4

河 出 書 房 新 社 の 本

アリと猪木のものがたり
村松友視

奇跡的に実現したアリ×猪木戦。ブラック・ヒーローとして闘い続けたボクサーと、過激なプロレスに突き進んだレスラーの運命的な交わり。著者入魂のライフワーク。

猪木流 「過激なプロレス」の生命力
アントニオ猪木　村松友視

プロレスを表現にまで高めたアントニオ猪木と、猪木を論じることで作家になった村松友視が、猪木流人生の全軌跡を振り返り、過激な名勝負の生命力を語り尽くす。

証言「プロレス」死の真相
アントニオ猪木　前田日明
川田利明　丸藤正道ほか

猪木、前田……16人の遺族、関係者が明かす、プロレスファンを熱狂させたレスラー14人の真実の晩年、そして死の謎。衝撃のエピソード溢れるノンフィクション。

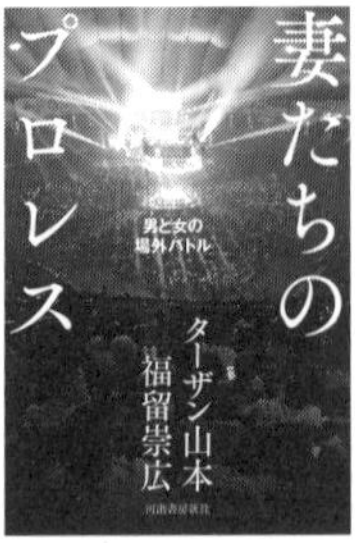

妻たちのプロレス 男と女の場外バトル
ターザン山本　福留崇広

妻だけが知るプロレスラーたちの素顔。栄光の裏にある苦悩と挫折。その闘いの日々を描きながら、謎に包まれたプロレスの真実を明かす、新しいノンフィクション。